감정
정리의
힘

감정
정리의
힘

구제 고지 지음 | 동소현 옮김

다산 3.0

왜 일류의 사람들은 고된 일에도 지치지 않는가?

세계의 엘리트가 매일 10분씩 실천하는 '감정회복습관'

먼저 밝혀두자면 이 책은 치열하게 일하면서도 건강한 정신을 유지하며, 일을 통해 행복을 추구하고자 하는 사람들을 위해 쓴 책입니다. 최근 직장 내 과중한 업무에 불만을 느끼는 사람이 많아지고 있습니다. 종업원의 노동력을 비합리적으로 착취하는 블랙기업을 지탄하고 직장 생활과 사생활의 균형을 중요시하는 사람도 많습니다. 이들은 일할 때는 효율적으로 일하고 남는 시간에는 휴식을 즐기는 생활이 올바르다고 생각합니다. 또한 무조건 열심히만 일하는 것은 바람직하지 않은 사고방식이며, 시대에 뒤처진 생활 습관이라고 여깁니다. 물론 장시간의 노동은 실제로 바람직하지 않으며, 일하는 시간과 휴식 시간을 적절히 배분하는 일은 매우 중요합니다. 그렇지만 열심히 일하는 것 자체를 문제시하는 사고방식은 동의할 수 없습니다.

혹시라도 오해가 있을까 싶어 미리 말해두는데 여기서 말하는 '하드 워크 Hard work', 즉 치열하게 일한다는 것은 '장시간 노동'을 의미하는 게 아닙니다. 건강을 해치면서까지 오랜 시간 일하는 것은 하드 워크가 아닙니다. 하드 워크는 두뇌를 최대한 활용해 집중적으로 일하는 것을 의미합니다.

제가 만난 일류 비즈니스맨이나 글로벌 인재라 불리는 사람들은 모두 하드 워크에 대해 거부감이 없는 이들이었습니다. 그들은 두뇌를 엄청나게 혹사시켜도 견딜 수 있는 강한 정신력을 지니고 있었으며, 일에 몰두하는 모습은 무척 생동감 넘치고 행복해 보였습니다.

우선 그들은 회사에 가장 먼저 출근했고 조용한 사무실에 앉아 서류와 이메일을 정리했습니다. 눈코 뜰 새 없이 바쁜 와중에도 이런저런 회의에 모두 참석하고, 퇴근한 뒤에는 가족과 함께하는 시간을 소중히 여겼습니다. 주말에는 자격증 공부를 하고 업무와 관련된 능력을 키우느라 허튼짓을 할 여유가 없었습니다. 누가 봐도 함부로 버리는 시간이 없는 바쁜 나날을 보냈습니다.

그런데 놀라운 점은 정작 그들은 자신의 삶이 그렇게 바쁘다고 생각하지 않는다는 사실이었습니다. 눈앞의 일에 몰두하면서 일분일초도 허투루 낭비하지 않는 삶의 방식을 당연시했습니다. 혹자는 이렇게 물을 수도 있습니다.

"남달리 강한 정신력을 타고난 사람들이니까 그런 식으로 일할 수 있는 거 아닐까?"

실은 저도 처음에는 그렇게 생각했습니다. 저를 포함한 대부분 평범한 사람은 그렇게 치열하게 일할 수 없다고 여겼습니다.

하지만 '하드 워크'를 좌우명으로 삼고 부지런하게 일하면서 높은 실적을 올리는 사람들에게는 공통적인 습관이 있었습니다. 바로 '감정회복습관'입니다.

다보스 세계경제포럼에서도 화제에 오른 감정회복습관

여러분은 감정회복습관에 대해 얼마나 알고 계십니까? 해외에서 30년 이상 지속적으로 연구가 이루어진 감정회복습관은 이제 개인적인 차원이 아니라 조직이나 국가적 차원에서 주목받고 있습니다. 스위스 다보스에서는 매해 1월 세계 각국의 고위급 인사를 초빙해 '세계경제포럼'을 개최합니다. 바로 이 회의의 중심 주제로 '감정회복습관'이 선택됐습니다. 세계적인 기상 이변으로 지진이나 쓰나미 등의 자연재해와 리먼 사태(2008년 9월, 미국의 대형 투자 은행 리먼 브라더스가 파산하면서 비롯된 국제 금융 위기) 같은 위기 상황을 경험하면서 이를 이겨 낼 수 있는 강력한 힘을 가진 국가가 필요하다는 인식이 생겨났습니다. 변화와 위기는 피할 수 없다는 인식하에 '변화에 적절히 대처할 수 있도록 스스로 변해야만 한다'는 적극적인 자세가 정치, 경제를 막론하고 글로벌 리더 사이에서 중심적인 가치관으로 사리 잡았습니다. 저는 NHK의 인기 뉴스 프로그램인 〈클로즈업 현대〉에서 '무너지지 않는 정신력을 키우는 방법, 감정회복습관을 알고 있습니까'라는 제목으로 특집 방송을 기획한 적이 있는데, 이 방송이 '감정 정리'의 필요성을 알리는 계기가 됐습니다.

변화와 위기에 대처하는 능력은 기업이 개인에게 요구하는 필요조건이기도 합니다. 특히 세계적 기업들은 리더가 갖추어야 할 조건 중의 하나로 '감정회복습관'을 꼽습니다. 세계 최대 에너지 기업인 로열더치셸 그룹이나 세계 최고의 투자 은행으로 평가받는 골드만삭스 등은 이미 직원들의 감정회복 습관을 기르기 위한 연수를 실행하고 있습니다.

감정회복습관은 기업뿐만 아니라 개인에게도 매우 중요합니다. 우리는 직장에서 언제나 스트레스에 노출된 상태로 늘 정신없이 바쁘게 일합니다. 위기와 경쟁을 강조하는 자본주의적 조직 문화, 책임자가 바뀔 때마다 시행되는 조직 개편 및 정리 해고, 상사의 기대, 업무 마감, 납품 기한 준수 등 유·무형의 굴레에 따른 정신적 부담도 적지 않습니다. 따라서 앞으로 감정회복습관의 필요성은 점점 더 높아질 것으로 예상됩니다.

이 책은 적극적이고 진취적인 자세로 살고자 하는 독자 여러분을 위해 쓰였습니다. '스트레스가 많은 업무 방식'을

'감정회복습관을 발휘하는 업무 방식'으로 바꾸려면 어떻게 해야 하는지 쉽게 전하기 위해 노력했습니다. 이 책이 여러분의 일과 성공에 조금이나마 도움이 되기를 진심으로 바랍니다.

포지티브 사이콜로지 스쿨 대표

구제 고지

차 례

들어가는 글

왜 일류의 사람들은 고된 일에도 지치지 않는가?

● 제1장 ●
스트레스 과다사회,
감정회복습관이 필요하다

● 제2장 ●

비우는 습관

● 제3장 ●
단련하는 습관

● 제4장 ●
성찰하는 습관

마치는 글

불필요한 감정을 정리해야 인생이 행복하다

제1장

스트레스 과다사회,
감정회복습관이 필요하다

'감정회복습관 트레이닝'이란

감정회복습관이 있는 사람은 치열하게 일하면서도 정신적으로 피폐해지지 않습니다. 그렇다면 감정회복습관은 어떻게 얻을 수 있을까요?

사실 우리는 누구나 감정을 회복하는 능력을 갖추고 있습니다. 역경을 극복하는 힘, 고난에 굴하지 않는 강인함은 다소의 수준 차이는 있을지언정 모두의 내면에 잠재된 능력입니다. 중요한 것은 필요할 때마다 그 능력을 꺼내서 사용할 수 있느냐 하는 점입니다. 감정회복습관은 누구나 가질 수 있습니다. 30년 넘게 이루어진 연구를 통해서도 그 사실이 입증됐습니다. 저처럼 업무 스트레스로 어려움을 겪고 있는 사람들에게는 기쁜 소식이 아닐 수 없습니다.

역경을 이겨내는 힘을 키우기 위해 개발된 것이 바로 '감정회복습관 트레이닝'입니다. 제가 진행하는 감정회복습관 트레이닝 코스는 유럽을 대표하는 긍정심리학자 일로나 보니웰 Ilona Boniwell 박사가 개발한 프로그램입니다. 그는 장기간에 걸친 감정회복습관 연구를 바탕으로, 우울증 치료에 효과가 있는 인지행동 요법과 21세기 심리학의 새로운 흐름인 긍정심리학, 그리고 외상 후 성장PTG, Post Traumatic Growth 연구가 통합된 트레이닝 방법을 개발했습니다.

감정회복습관 트레이닝 코스에 참가하는 사람들은 매우 적극적입니다. 역경을 이겨내는 힘을 키워서 업무에 필요한 능력을 발휘하는 것이 목적이기 때문에 적극적일 수밖에 없습니다. 연수를 마친 후에는 놀랄 만큼 생기 넘치는 표정으로 바뀌어 있습니다. 긍정심리학 이론을 토대로 개발된 다양한 체험 활동을 학습한 결과입니다.

"스트레스에 대처하는 새로운 방법을 알게 됐다."

"역경도 꼭 나쁜 것만은 아니라고 생각하게 됐다."

"스스로 어떤 감정을 느끼기 쉽고, 또 어떤 고정 관념에 빠지기 쉬운지를 깨달았다."

"지금까지는 미처 깨닫지 못했던 나만의 장점을 발견했다."

"과학적 근거에 기초한 프로그램이라서 그런지 쉽게 적응할 수 있었다."

연수가 끝난 후에 참가자들은 이렇게 진취적인 후기를 남겼습니다. 그들은 적극적인 자세와 새로운 테크닉을 습득하고, 다시 직장으로 돌아갔습니다.

감정회복습관의 특징

그렇다면 이 '감정회복습관'의 정체는 도대체 무엇일까요? 감정회복습관에 대해 설명할 때마다 저는 "감정회복습관이란 역경이나 고난, 심한 스트레스에 직면했을 때 적응하는 정신력 및 심리 과정이다"라고 정의한 미국심리학회 APA의 설명을 그대로 인용합니다. 감정회복습관이 있는 사람은 크게 세 가지 특징을 보입니다.

첫 번째, '회복력'입니다. 이는 역경이나 고난을 만났을 때 마음이 무너져 회복 불가능의 상태에 빠지지 않고 바로 원래 상태로 되돌아가는, 마치 대나무와도 같은 신축성을 지닌 심리 상태를 말합니다.

두 번째, '완충력'입니다. 이는 스트레스나 예상치 못한 충격 등의 외부 압력에 내성을 발휘하는, 말하자면 테니스공 같은 탄력성을 지닌 정신적·심리적 강인함을 말합니다.

세 번째, '적응력'입니다. 예기치 못한 변화나 위기를 만났을 때 흔들리거나 저항하지 않고 합리적으로 대처하는 힘을 말합니다. 아스팔트의 좁은 틈에서도 싹을 틔우고 꽃을 피우는 민들레가 바로 이 '변화 적응력'의 좋은 예라 하겠습니다.

감정 정리를 도와주는
세 가지 습관

저는 감정회복습관 트레이닝 프로그램 전문 강사로서 지금까지 다수의 기업과 병원에서 감정회복습관을 들이는 방법을 교육해왔습니다. 그 내용은 전작 『감정회복습관 단련법(レジリエンス」の鍛え方)』을 보면 알 수 있고, 이 책의 1장에서도 소개하고 있습니다.

최근에는 기업을 대상으로 감정회복습관 트레이너 양성 프로그램을 운영하고 있습니다. 또한 되도록 어렸을 때부터 감정회복습관을 길러주는 것이 바람직하다는 판단 아래 어린이 전문 감정회복습관 트레이너를 양성하는 일에도 힘을 쏟고 있습니다.

우리 사회에 감정회복습관의 필요성이 점점 커지는 이유는 정신적인 회복을 바라는 사람이 많기 때문입니다. 그만큼 '심리적으로 무너지기 쉬운 사람'이 점점 늘어나고 있는 것입니다. 해외 공공 기관에서도 지금까지의 스트레스 관리 프로그램 대신 감정회복습관 트레이닝 프로그램을 도입하고 있습니다.

한 개인이 어떤 조직의 리더 역할을 지속적이고 성공적으로 수행하기 위해서는 감정회복습관을 반드시 갖추어야 합니다. 실제로 트레이닝을 받은 리더가 부하 직원으로부터 더 높은 신뢰를 받았다는 조사 결과도 있습니다. '이 사람은 어떤 역경을 만나도 무너지지 않는 사람이니까 믿고 따라갈 수 있다'는 생각이 부하 직원을 리더 곁에 머물게 하는 것입니다.

지금까지 많은 직장인에게 감정회복습관을 트레이닝 하고, 일류 기업에서 잠재력이 높다고 평가받는 인재들을 만나면서 한 가지 사실을 깨달았습니다. 심리적으로 안정된 사람은 스스로 감정을 회복하는 습관을 지녔다는 점입니다.

그 습관은 다음 세 가지입니다.

① 부정적인 연쇄 반응의 고리를 그날그날 끊어내는(비우는) 습관
② 스트레스를 느낄 때마다 감성회복근육을 단련하는 습관
③ 가끔 멈춰 서서 자신을 돌아보고 성찰하는 습관

이 세 가지 습관을 들이는 것은 결코 어렵지 않습니다. 누구나 쉽게 실천할 수 있는 것들입니다.

업무 성과를 지속적으로 올리는 사람들은 이 세 가지 습관을 계획적으로 실천하면서 하루하루를 관리하고 있었습니다. 감정회복습관을 이미 몸에 지니고 있으므로 남들보다 치열하게 일하면서도 건강한 정신 상태를 유지할 수 있는 겁니다. 또한 그들은 누구보다도 여가 시간이 많았습니다. 업무 시간에는 온전히 업무에만 집중하므로 따로 야근을 하거나 주말에 일할 필요가 없었습니다.

감정 정리를 도와주는
일곱 가지 테크닉

1. 부정적인 감정의 악순환에서 벗어난다

첫 번째 테크닉은 '부정적인 감정의 악순환에서 벗어나기'입니다. 효과적인 방법으로 두 가지가 있습니다. 하나는 '감정에 이름 붙이기'이고, 또 하나는 '기분 전환'입니다.

'감정에 이름 붙이기'란 보이지 않는 감정을 보이는 것처럼 만드는 테크닉입니다. 부정적인 감정에 대처하기 위해서는 먼저 그 대상이 되는 감정을 제대로 관찰해야 합니다. 하지만 감정은 눈으로 볼 수도, 손으로 만질 수도 없습니다. 그래서 감정에 이름 붙이기가 중요합니다.

감정에 이름을 붙이면 내면에서 생기는 감정이 무엇인지 바로 알아차릴 수 있습니다. 어떤 일이건 그 대상을 제대로 바라보지 않으면 효과적으로 대처하기 어렵습니다. 감정도 마찬가지입니다.

가족이나 친구들과 함께 감정에 이름 붙이기를 해보십시오. 똑같이 부정적인 상황을 겪어도 서로 느끼는 감정에는 커다란 차이가 있다는 사실을 깨닫게 될 것입니다.

　부정적인 감정의 악순환에서 벗어나기 위한 두 번째 방법은 '기분 전환'입니다. 부정적인 감정의 특징 중 하나는 매우 끈질기다는 점입니다. 누구에게나 아무리 시간이 지나도 떨치기 어려운 기억이 하나쯤은 있습니다. 때로는 걱정거리가 꼬리에 꼬리를 물고 연달아 떠올라 고통스러울 때도 있지요.

　'기분 전환'이란 그 부정적인 연쇄 반응 고리를 끊어버리기 위해 부정적인 감정에서 다른 대상으로 관심사를 바꾸는 일입니다. 부정적인 감정의 반복을 멈추면 악순환으로부터 수월하게 빠져나올 수 있습니다.

　기분을 효과적으로 전환할 수 있는 비결은 바로 몸을 움직이는 것입니다. 앉아서 두뇌만 사용하는 사람은 강력하고 끈질긴 부정적 감정을 이겨낼 수 없습니다. 아래의 내용은 기분을 전환하는 데 도움이 되는 과학적 방법을 나열한 것입니다. 가능하면 자신이 완전하게 몰입할 수 있는 방법을 고르십시오.

① 헬스나 댄스, 달리기나 각종 스포츠 등
　격렬하게 몸을 움직이는 '운동'

② 감상하거나 직접 연주하는 '음악'

③ 요가나 명상, 산책 등 심신을 안정시키는 '호흡'

④ 일기나 편지 등 손으로 글씨를 쓰면서
　감정을 표현하는 '필기'

　이 네 가지 방법은 베타 엔도르핀이나 세로토닌 같은 호르몬 분비를 돕기 때문에 기분을 전환하는 데 큰 효과를 볼 수 있습니다.

● 기분을 전환하는 방법

방법	운동, 댄스	음악 연주, 음악 감상	요가, 명상, 빠른 속도로 산책하기	일기, 편지 등을 손으로 직접 쓰기
효과	천연의 묘약이라 불리는 베타 엔도르핀 발생	쾌감 호르몬이라 불리는 도파민 발생	쾌감 호르몬이라 불리는 도파민 발생	부정적인 감정을 진정시킴

2. 쓸모없는 '고정 관념'을 길들인다

우리가 아무리 감정에 이름을 붙이고 부정적인 감정을 떨쳐내기 위해 기분 전환을 해도 가끔씩 울컥 올라오는 부정적인 감정은 막기 힘듭니다. 부정적인 감정이란 정말이지 끈질긴 녀석입니다.

그런데 어쩌면 이 부정적인 감정은 실패나 스트레스 때문에 생긴 게 아니라 원래 처음부터 우리 마음 깊은 곳에 자리 잡고 있었던 '고정 관념'에서 비롯된 것일 수 있습니다. 부정적인 감정의 원인이 외부가 아닌 바로 우리 내면에 있었던 것이지요.

여기서 두 번째 테크닉인 '쓸모없는 고정 관념을 길들이는' 방법이 등장합니다.

제가 진행하는 감정회복습관 트레이닝에서는 부정적 감정을 유발하는 사고방식의 유형을 일곱 가지로 나누고, 각 유형마다 강아지 이름을 붙입니다. 그렇게 하면 내가 가지고 있는 선입견의 종류를 쉽게 알 수 있을 뿐만 아니라, 마음이 불안해질 때마다 '내 마음속에는 강아지가 한 마리 살고 있는데 지금 그 강아지가 멍멍 짖고 있을 뿐이다'라고 생각해서 마음의 평화를 찾을 수 있습니다.

중요한 사실은 '고정 관념 강아지'가 인격의 일부는 아니라는 점입니다. 어디까지나 그런 성질을 지닌 강아지 한 마리가 마음속에 살고 있을 뿐입니다.

● 일곱 가지 종류의 '고정 관념 강아지'

고정 관념견의 종류	사고방식의 습관	부정적인 감정
비판견	흑백논리에 따른 사고	분노, 불만, 부러움
정의견	'꼭 이래야 한다'는 사고	혐오, 분개, 질투, 부러움
패배견	자기비하적인 사고	비애, 우울감
포기견	무기력한 사고	불안, 우울감, 무력감
걱정견	불안해하는 사고	불안, 공포
사과견	자책하는 사고	죄책감, 수치심
무관심견	회피하고 싶은 사고	피로감

고정 관념을 추방할 것인가, 받아들일 것인가, 길들일 것인가

위에서 말한 일곱 종류의 '고정 관념 강아지'는 후천적으로 생겨난 사고방식 유형입니다. 이런 사고방식이 자리 잡게 되는 이유에는 여러 가지가 있습니다. 어렸을 때 경험했던 상실감이나 고독감 때문일 수도 있고 누군가의 비난으로 상처받은 자존감에서 파생된 것일 수도 있습니다. 자신의 능력으로는 어찌할 수 없는 문제를 만나서일지도 모릅니다.

하지만 무의식중에 학습한 것이라면 의식적으로 떨쳐버릴 수 있습니다. 때에 따라서는 기존에 학습한 내용을 버리는 '언러닝unlearning'도 가능합니다. 즉, 선택 여부에 따라 우리는 '고정 관념 강아지'를 마음속에서 계속 키울 수도 있고 풀어줄 수도 있다는 말입니다. 고정 관념의 지배로부터 벗어나느냐, 벗어나지 못하느냐의 여부는 우리가 고정 관념을 어떻게 컨트롤하느냐에 달려 있습니다. '고정 관념 강아지'에 대처하는 방법에는 세 가지가 있습니다.

① **추방하기**: 고정 관념 강아지가 짖고 있는 내용이 비현실적이며 아무 증거도 없는 경우

② **수용하기**: 고정 관념 강아지가 짖고 있는 내용이 이치에 맞으며 증거도 있는 경우

③ **길들이기**: 고정 관념 강아지가 짖고 있는 내용이 100퍼센트 틀린 것은 아니며 앞으로의 생활에 영향을 미치는 경우

빠른 회복을 위한 '감정회복근육'

부정적인 감정으로 인한 정신적인 침체에서 신속하게 벗어나는 것은 매우 중요한 감정회복습관 테크닉입니다. 이 방법을 잘 몰라서 강력하고 끈질긴 부정적 감정에 휘둘리는 사람이 많고, 시끄럽게 짖어대는 고정 관념 강아지 때문에 고민하는 사람도 많습니다.

물론 정신적인 침체에서 벗어나는 일이 감정회복습관의 최종 목표는 아닙니다. 마라톤에 비유하자면 이는 '중간 지점을 지난 것'에 지나지 않습니다. 바닥을 치고 난 뒤에는 한층 더 위로 올라가기 위해서 '회복' 단계를 거쳐야 합니다. '회복' 단계에서 필요한 것이 바로 꾸준히 올라가기 위한 '근력'입니다. 빠르게 회복하는 사람이 성공적으로 목표를 달성하고 성과를 올릴 수 있습니다. 이렇게 신속한 재기를 위해 필요한 심리적 자원이 감정회복근육입니다.

3. '하면 된다'고 믿는 '자기 효능감'을 높인다

감정회복근육을 단련하는 첫 번째 방법은 '자기 효능감'을 높이는 것입니다. '자기 효능감Self-efficacy'이란, 다소 무리하게 느껴지는 일을 마주해도 '나라면 반드시 이 장벽을 뛰어넘어 목표에 도달할 수 있다'고 여기는 신념이나 기대를 뜻합니다.

한마디로 쉽게 무너지지 않는 강한 도전 정신입니다. '자기 효능감'을 높이는 요소로는 다음 네 가지가 있습니다.

첫 번째 요소는 '실질적인 체험'입니다. 작은 일이라도 성공해본 사람만이 '하면 된다!'라는 신념을 가질 수 있습니다. 그러려면 처음부터 큰 목표를 설정하기보다는 자기 능력에 맞게 목표를 정하는 게 좋습니다.

두 번째 요소는 '모범 사례'입니다. 누군가 잘해내는 모습을 가까이에서 관찰하다 보면 '나도 할 수 있다'라는 자신감이 생깁니다. 대리 체험을 하는 셈이지요. 자신에게 긍정적인 영향을 끼칠 수 있는 롤모델을 찾는 것이 중요합니다.

세 번째 요소는 주위 사람들이 들려주는 '격려의 메시지'입니다. 예를 들어 누군가 어깨를 가볍게 두드리면서 "자네라면 할 수 있을 거야"라고 격려해준다고 상상해보십시오. 벌써 기분이 좋아지지 않습니까? 그만큼 격려의 메시지는 자기 효능감을 높이는 데 효과적입니다.

마지막 네 번째 요소는 '분위기'입니다. 이는 개인의 '자기 효능감' 강화에 큰 도움을 주고 팀 단위로 목표를 달성하는 데 필요한 '조직 효능감'도 높여줍니다. 팀원들끼리 기운을 북돋아주는 격려의 메시지를 자주 주고받으십시오. 분위기가 좋아지면 자존감이 높아지고 덩달아 성과도 올라가게 됩니다.

4. 자신만의 '강점'을 살린다

감정회복근육을 단련하는 두 번째 방법은 자신만의 '강점'이 무엇인지 이해하고, 도전할 과제가 주어졌을 때 이를 활용하는 것입니다.

우리 주변에는 자신이 어떤 강점을 지니고 있는지 잘 모르는 사람이 많습니다. '구슬이 서 말이라도 꿰어야 보배'라는 말이 있듯이 아무리 좋은 재능을 가지고 있어도 사용하지 못하면 의미가 없습니다.

자신의 강점이 무엇인지 파악하고 싶다면 미국의 VIA 연구소에서 개발한 'VIA-IS(긍정심리학의 일인자인 크리스토퍼 피터슨 박사와 마틴 셀리그만 박사가 개발한 것으로 개인의 장점을 진단하는 평가 도구)'를 추천하고 싶습니다. 이 방법으로 자신의 강점이 무엇인지 쉽게 파악할 수 있을 것입니다.

강점을 개발하면 감정회복습관의 특징 중 하나인, 스트레스에 대한 완충력이 강해집니다. 나아가 강점을 새로운 일이나 취미 등에 활용하면 행복 지수가 올라가고 무기력의 징후가 줄어들며 자존감이 높아지는 부수적인 효과도 얻을 수 있습니다.

● VIA-IS 강점 척도

지혜파	용기파	인간미파
• 창조성 • 호기심 • 향학심 • 유연성 • 거시적 관점	• 진정성 · 성실함 • 용감함 • 인내력 • 열의	• 친절한 마음 • 애정 • 사회적 지능
정의파	절제파	초월성파
• 공평함 • 리더십 • 팀워크	• 관용 · 자비로움 • 신중함 · 겸허함 • 배려심 • 자기 관리	• 심미안 • 감사 • 희망 • 유머 • 영성

5. 정신적 지주가 되는 '서포터'를 만든다

자신만의 강점을 발견하고, 그 능력을 십분 발휘하는 사람도 때로는 심리적으로 위축될 수 있습니다. 그럴 때 필요한 것이 바로 '진심으로 믿을 수 있는 사람'입니다. 감정회복근육을 단련하는 세 번째 방법은 진심으로 믿을 수 있는 사람 만들기, 즉 '사회적 지원' 형성하기입니다.

유사시에 마음을 의지할 수 있고 때로는 적절한 지원까지 해주는 소중한 사람을 우리는 '서포터'라고 부릅니다. 서포터의 범위는 실로 다양합니다. 대표적인 예로 가족을 들 수 있습니다.

그 밖에도 어려운 일이 생겼을 때 바로 달려와주는 친구, 손익을 따지지 않고 격려와 질타를 아끼지 않는 선배, 옆에 있어주는 것만으로도 안심이 되는 가족, 실의에 빠졌을 때 그저 어루만지는 것만으로도 상처 입은 마음이 치유되는 반려견 등 사람마다 정신적인 지주는 다릅니다.

축구 선수들은 "경기장에서 뛰는 선수는 열한 명이지만, 열두 번째 선수는 항상 우리를 응원해주는 서포터"라고 말합니다. 많은 서포터가 모여 목청껏 응원할 때 팀이 승리할 가능성은 높아집니다. 서포터들이 선수들의 정신적 지주가 되기 때문입니다.

직장 내 서포터는 상사나 동료, 선배나 멘토 등이 있습니다. 경영자, 또는 개인 사업을 하는 사람에게는 컨설턴트나 코치, 변호사나 세무사 등 다양한 분야에서 전문적으로 상담해주는 사람이 정신적 지주가 되기도 합니다.

질병 역시 인간이 피해 갈 수 없는 역경입니다. 본인이 병에 걸리거나 가족이 아플 때 정신적 지주가 되는 사람은 아마도 믿고 따를 수 있는 의사나 간호사가 되겠지요. 만약 '내 아이를 위해서 이 정도 역경은 극복할 거야'라고 마음먹는다면 그 자녀가 바로 소중한 서포터입니다. 유사시에 정신적 지주가 되어줄 서포터를 만드십시오. 서포터와는 서로 도움을 주고받는 '상호 보완적인 관계'를 맺는 게 바람직한데, 한 사람이 도움을 줄 수 있는 사람은 다섯 명 정도가 적당합니다. 역경의 종류에 따라 도움을 청할 상대가 달라지기 때문입니다.

"당신의 서포터는 누구인가요?"라는 질문을 던졌을 때 선뜻 답하지 못하는 사람이 많습니다. 특히 중년을 넘긴 남성의 경우가 많은데, 이는 좋지 않은 신호입니다. 우리는 40대를 넘어 인생의 반환점을 맞이할 무렵 '중년의 위기'를 맞이합니다. 그때 아무에게도 의지하지 못하고 홀로 고립된다면 정신적으로 무너지기 쉽습니다.

따라서 평상시에 서포터와 돈독한 관계를 유지하고, 정신적인 교감을 통해 미래를 대비하기 바랍니다.

6. '감사'라는 긍정적인 감정을 키운다

감정회복근육을 단련하는 네 번째 방법은, 다소 뻔하게 느껴질 수도 있겠지만 '감사하는 마음을 키우는 습관'입니다. 우리는 종종 일이 잘 풀리지 않아 좌절감을 느낄 때가 있습니다. 이때 '다 내 잘못이야' 또는 '다른 사람에게 폐를 끼치게 되어 면목이 없어'라고 스스로를 책망하면 부정적 감정이 커져 '죄책감'으로 발전하게 됩니다. 죄책감은 우울한 기분을 불러오고 자존감을 떨어뜨려서 우리의 감정회복근육을 약하게 만듭니다.

그럴 때 도움이 되는 심리적 자원이 바로 부정적인 감정과 반대되는 '감사'하는 마음입니다.

긍정적 감정에는 부정적 감정을 '상쇄'시키는 힘이 있다고 합니다. 회사에서 힘들고 불쾌한 일을 겪어도 일상생활에서 진심으로 즐길 수 있는 취미가 있다면, 그 취미를 통해 기분을 전환할 수 있습니다. 즐거움이나 희망 같은 긍정적 감정이 불안이라는 부정적 감정을 상쇄해 우리의 마음을 '리셋'시켜주기 때문입니다.

평소 '감사하는 마음'을 최대한으로 느끼는 습관을 기르면 감정회복습관의 특징 중 하나인 '스트레스에 대한 완충력'이 커지는 효과를 볼 수 있습니다. 감사하는 마음을 충분히 지닌 사람은 역경이나 고난에도 강한 법입니다.

여러분은 감사라는 감정이 언제 생기는지 알고 있나요? 우리는 주로 다른 사람에게 도움을 받거나 좋은 기회를 얻었을 때 '감사'의 감정을 느낍니다. 감사하는 대상은 자신에게 친절을 베푼 사람이거나 은혜로운 누군가입니다.

그렇다면 은혜를 베푼 사람에게 어띠힌 방법으로 감사의 마음을 전해야 할까요?

연구 결과에 따르면 '감사 편지'가 가장 큰 효과를 발휘합니다. 편지지를 한 장 준비한 다음, 평소 마음을 표현하기 어려웠던 은인에게 보내는 글을 적어보십시오. 글을 쓴다는 것은 자기 성찰의 과정이기도 합니다. 아마 편지를 받은 사람도 직접 말로 듣는 것보다 더 감동하지 않을까요.

이 '감사 편지'가 지닌 또 하나의 장점은 편지를 쓰는 본인에게도 도움이 된다는 점입니다. 감사하는 마음을 글로 적는 것만으로도 긍정적인 감정이 생긴다는 사실은 이미 연구를 통해 밝혀졌습니다. 만약 편지를 보내기가 쑥스럽다면 상대방에게 전달하지 않아도 좋습니다. 감사 편지를 쓴다는 행위 자체에 의미가 있기 때문입니다. 이번 기회에 당신의 소중한 '서포터' 중 한 명에게 꼭 감사의 마음을 담은 편지를 써보시기 바랍니다.

7. 힘들었던 과거의 체험으로부터 의미를 찾는다

치열하게 일하는 사람에게 일이 몰리기가 쉽습니다. 일을 열성적으로 처리하는 직원에게는 다른 일도 부탁하고 싶어지기 때문입니다. 상사가 무리한 업무를 할당하거나, 아직 경험이 부족한데도 중요한 일을 맡기는 경우도 있습니다. 그러면 실수하거나 방법을 찾지 못해 스트레스를 받을 확률도 높아집니다. 하지만 이는 어떤 면에서 다행일지도 모릅니다. 직장이 '도장道場'이 되어 당신의 감정회복근육을 단련시켜주기 때문입니다.

제가 대학을 갓 졸업하고 입사한 회사에는 신입 사원에게 중요한 업무를 맡겨서 역량을 키우는 사풍이 있었습니다. 항상 긴장 속에서 심한 중압감을 느끼며 근무해야 했습니다. 하지만 그때를 되돌아보면 그 시기의 경험이 나중에 다른 일을 할 때 큰 도움이 됐다는 사실을 알 수 있습니다. 그런 환경에 처한 게 오히려 행운이었던 셈이죠.

● 치열하게 일하면서도
　정신적으로 무너지지 않는 사람들의 세 가지 습관

세 가지 습관	일곱 가지 테크닉
부정적인 연쇄 반응 고리를 그날그날 끊어내는(비우는) 습관	스텝 1 ① 부정적인 감정의 악순환에서 벗어난다 ② 쓸모없는 '고정 관념'을 길들인다
스트레스를 느낄 때마다 감정회복근육을 단련하는 습관	스텝 2 ③ '하면 된다'고 믿는 '자기 효능감'을 높인다 ④ 자신만의 '강점'을 살린다 ⑤ 정신적 지주가 되는 '서포터'를 만든다 ⑥ '감사'라는 긍정적인 감정을 키운다
잠깐 멈춰 서서 자신을 돌아보고 성찰하는 습관	스텝 3 ⑦ 힘들었던 과거의 체험에서 의미를 찾는다

항상 치열하게 일하는 사람은 언제나 쉬지 않고 달립니다. 하지만 가끔은 한 번씩 멈춰 서서 예전에 역경이라고 생각했던 체험을 되돌아보고 '자기를 성찰하는 시간'이 필요합니다. 이 시간은 매우 의미 있습니다. 이러한 과정은 감정회복습관의 세 번째 단계인 '교훈으로 삼기'와도 연결되고, 일곱 번째 테크닉인 '힘들었던 경험으로부터 의미를 찾는다'와도 상충합니다. 뼈아프게 힘들었던 역경에서 그 의미를 찾는 과정을 통해 우리는 다음 단계로 넘어갈 힘을 얻고 또 미래에 찾아올지도 모르는 부정적인 상황에 대비할 수 있습니다.

만약 그 역경이 업무상의 실패였다면 실패를 통해 교훈을 얻는 과정이 필요합니다. 원인을 찾아보고 해결책을 모색함으로써 또 다른 실패를 미연에 방지하는 겁니다. 만약 그 역경이 인간관계에서 오는 어려움이었다면 앞으로 어떤 종류의 사람들과 사귀어야 하는지를 스스로 깨닫게 될 것이고 사귀어서는 안 되는 종류의 사람들과 엮이게 되는 이유도 알 수 있습니다.

스트레스와 감정 정리의 힘

치열하게 일하는 하드 워커들은 구조 조정이나 시장 변화가 극심한 직종에 종사하는 경우가 많습니다. 그들은 다른 사람들보다 더 자주 역경에 부딪히고 그로 인해 스트레스도 많이 받습니다. 물론 회사를 그만두거나 다른 직원을 탓하고 싶은 유혹에 빠지는 일도 잦겠지요.

이런 사람은 아무리 노력해도 스트레스를 줄이는 데 한계가 있습니다. 상사나 회사가 배려해도 업무 자체가 고되다 보니 어느 정도는 스트레스에 노출될 수밖에 없죠. 어쩔 수 없이 견디거나 극복해야 하는 경우가 많습니다.

다보스 회의에서 '변화나 위기는 피할 수 없으므로 스스로 적응하는 힘을 키워야 한다'고 이야기한 것처럼, 앞으로의 기업에서는 스트레스나 변화에 저항하기보다는 적응해나가면서 '자기 관리'까지 가능한 인재를 필요로 할 것입니다. 바야흐로 자기 관리 능력이 없는 사람은 살아남기 힘든 시대가 도래한 것입니다.

따라서 이제 우리는 직장에서 겪는 스트레스 상황을 감정 회복습관을 기르는 기회로 삼고자 합니다. 한계에 부딪혀도 트레이닝을 계속해야 체력이 강해지는 운동처럼 직장에서 경험하는 스트레스도 훈련을 통해 그 한계를 확장시킬 수 있습니다. 더 이상 스트레스 때문에 고민하지 마십시오. 제가 만났던 뛰어난 인재들은 모두 역경에 처하거나 스트레스를 받을 때마다 감정회복습관을 이용해 스스로를 강인하게 성장시켰습니다. 앞에서 소개한 세 가지 습관과 일곱 가지 테크닉이 바로 그들의 무기입니다.

실제 직장에서 쉽게 마주할 수 있는 대표적인 스트레스 상황과 체험 사례를 소개하고 해결책을 제시함으로써, 감정회복습관을 들이는 테크닉을 구체적으로 밝히겠습니다.

치열하게 일하고자 하는 사람들, 직장에서 성과를 거두어 충족감을 느끼고 싶은 사람들, 행복하게 일할 수 있는 방법을 고민하는 사람들에게 큰 도움이 되리라 믿습니다.

"자신의 감정을 조절할 줄 아는 사람이
가장 강한 사람이다"

– 탈무드

제 2 장

비우는 습관

치열하게 일하는
성실하고 열정적인 사원

저는 예전에 고급 화장품 회사에서 마케팅 책임자로 근무했습니다. 주요 업무는 텔레비전 및 잡지 광고 기획과 제작이었습니다. 제가 16년간 참여했던 광고는 모두 합쳐 100건이 넘습니다. 하나의 광고를 만들기 위해서는 스토리보드부터 시작해 촬영 전후 회의에 이르기까지 수많은 협의가 필요합니다. 미디어에 광고를 하려면 매달 몇십 억 단위의 엄청난 예산이 필요합니다. 그렇게 거액을 쏟아부어도 내용이 부실해서 상품의 장점이 제대로 전달되지 않으면 모든 게 물거품이 되고 맙니다. 그렇기 때문에 광고대행사와 협력하는 일은 아주 중요한 업무였습니다.

광고대행사 직원들과는 거의 매일 미팅을 했습니다. 그때 광고대행사 일이 얼마나 고된지, 화려해 보이는 광고 업계에도 워커홀릭이 얼마나 많은지 알게 됐습니다.

제가 다니던 회사는 광고대행사들끼리 경쟁을 부추기지

않았습니다. 오랫동안 하나의 광고대행사와 파트너 관계를 유지했습니다.

광고 캠페인을 비롯한 모든 메시지에는 일관성이 있어야 합니다. 그래서 오랜 시간 동안 협업해온 이들이어야만 완성도 있는 브랜드 제작이 가능하다고 생각했던 것입니다.

하지만 파트너로 선정된 광고대행사 입장에서는 엄청난 압박을 느끼게 됩니다. 파트너라고 해서 대충 봐주는 일은 없습니다. 요구한 수준 이하의 결과물이 나오지 않도록 언제나 엄격한 태도로 공동 작업을 진행했으므로 담당 광고대행사는 그야말로 '고난의 연속'이었을 것입니다.

클라이언트, 즉 고객의 요구 사항에 부응하기 위해 치열하게 일하는 직종이 비단 광고만은 아닐 겁니다. 고된 업무와 야근이 많은 직종일수록 근무 방식에 더욱 주의를 기울여야 합니다. 감정회복습관을 일찌감치 몸에 익혀두지 않으면 그 업계에서 오래 버틸 수 없기 때문입니다.

명명의 힘 : 인지해야 버릴 수 있다

유명 광고대행사에서 치열하게 일하는 A 씨는 긴 근무 시간과 고된 업무, 대인 관계에서 오는 스트레스를 해소하지 못해 고민이었습니다. 한 달에 100시간 이상 야근이 이어지고 고객에게 받는 압박감도 상당했기 때문에 스트레스가 매우 심했다고 합니다.

A 씨의 스트레스 해소법은 다름 아닌 '술'이었습니다. 술 이외에 다른 효과적인 스트레스 해소 방법을 몰랐기 때문입니다. 심지어 그는 평일에도 동이 틀 무렵까지 술잔을 기울이곤 했습니다. A 씨는 결국 과음과 과로로 건강이 악화됐고 마지막 보루였던 직장마저 잃는 쓰라린 경험을 맛봤습니다.

심신이 몹시 지친 상태라 휴식이 필요하다는 사실은 A 씨 본인도 잘 알고 있었습니다. 그렇지만 모처럼 쉬는 날에도 가만히 있기는 싫었나 봅니다. 광고 업계 사람들은 업계 특성상 노는 것도 업무의 연장이라고 생각하기 때문에 종종 무리를 합니다. 물론 그렇게 신나게 노는 동안 스트레스가 풀렸다면 다행입니다.

하지만 A 씨는 그렇지 않았습니다. 피로가 더 쌓인 상태로 주말을 흘려보냈습니다. 평일에 받은 스트레스를 주말에 해소하고 다시 새로운 한 주를 시작하는 생체 리듬이 A 씨에게는 없었습니다.

또한 자신이 스트레스가 쌓인 채로 과음을 한 후, 신경질적으로 주변 사람들을 대해 마찰을 일으키거나 아무짝에도 쓸모없는 행위를 충동적으로 저지른다는 사실을 어렴풋이 깨닫고 있었습니다. 과음하지 않겠다 결심하고 음주를 자제하려 나름대로 노력한 적도 있습니다. 그러나 손쉽게 스트레스를 풀 수 있을 것 같은 알코올의 유혹을 거부하지 못했고, 술 이외의 다른 스트레스 해소법을 찾지 못한 채 계속해서 같은 실수를 되풀이했습니다. 그러면서도 한편으로는 언제까지고 이런 생활을 지속할 수 없다고 생각하며, 자신의 삶의 방식에 위기의식을 느끼고 있었습니다.

감정에 이름 붙이기

스트레스를 해소하기 위해 술에 의존하는 사례는 흔히 볼 수 있습니다. 술의 힘을 빌리면 부정적인 감정을 해소할 수 있다고 믿기 때문이지요.

술을 마시는 행위 자체가 나쁜 것은 아닙니다. 기분을 전환하거나 동료와 친목을 다지기 위해 술을 마시는 일은 그 자체로 가치가 있습니다.

진짜 문제는, 치열하게 일하는 과정에서 생긴 '부정적인 감정'을 스스로 깨닫지 못한 채 아무런 대처도 하지 않는다는 점입니다. 그리고 부정적인 감정을 해소하지 않고 술에만 의존하다가는 건강만 해치게 됩니다.

감정회복습관 트레이닝 초기 훈련에는 '감정에 이름 붙이기'가 있습니다. 자신의 스트레스 경험으로부터 발생하는 부정적인 감정을 제대로 알아보자는 뜻이지요. 교육생 중에는 자신의 감정 패턴에 대해 잘 모르는 사람들이 많았습니다. 외국에서는 자신의 감정에 대해 배울 수 있는 '사회정서학습 SEL. Social and Emotional Learning(자신의 정서와 장단점에 대한 이해를 바탕으로 원만한 대인 관계를 형성하고 책임 있는 의사 결정을 내릴 수 있도록 교육하는 과정)'을 학교에서 교육합니다. 하지만 우리의 경우에는 감정을 제대로 이해할 기회조차 부족한 것이 사실입니다. 쓸데없는 감정을 버리려고 아무리 노력해도 애초에 인지조차 못한 감정을 버릴 수는 없기 때문에 감정에 이름을 붙이는 과정이 필요한 것입니다.

먼저 과중한 업무를 수행히는 과정에서 생기는 '피로감'이 있습니다. 이는 육체적인 피로만 의미하는 것은 아닙니다. 과도한 업무량, 지나친 욕구, 끊임없이 이어지는 스트레스가 겹치면서 생기는 심리적, 감정적 소모를 의미합니다. 몸은 피곤하지 않더라도 마음이 지치기 때문입니다.

A 씨는 클라이언트를 상대로 하는 직업 특성상 업무 내용이나 근무 시간을 마음대로 조절하기 힘들었습니다. 타인에 의해 일이 뜻대로 진행되지 않는 상황이 계속되면 '자기 결정감'이 하락해 동기 부여가 약해지고 만족도가 떨어질 뿐 아니라 무력감마저 느끼게 됩니다. 특히 일이 생각대로 잘 풀리지 않을 때는 비관적인 생각만 머릿속에서 회오리칩니다.

'잠자는 동안 스트레스를 털어버린다'는 말이 있습니다. 정말 잠을 잠으로써 육체적 피로만이 아닌, 심적 스트레스까지도 해소할 수 있을까요? 부정적인 감정은 매우 끈질깁니다. 무의식중에도 반복되기 때문에 잠을 자면서도 피로감을 느낄 수 있습니다. 결국 물먹은 솜처럼 지친 상태로 아침을 맞이하게 되는 것이지요.

지도 한때 입무 스트레스와 연이은 실패로 인해 상당히 지쳤던 적이 있습니다. 그때 아내가 휴가라도 내서 좀 쉬는 게 어떻겠냐고 제안했고, 그래서 여행을 떠났습니다. 공항에서

한 시간 정도 떨어진 한적한 휴양지에서 휴식을 취하기로 했습니다.

마침 비성수기라 운 좋게도 에메랄드 빛깔의 수영장을 독차지할 수 있었습니다. 정말 환상적인 휴가지였지요. 하지만 머릿속에서는 일 생각이 떠나지 않았습니다. 그 순간에도 제대로 된 휴식을 누리지 못하고 있었지요. 호텔 온천에서 마사지를 받을 때도 회사 일이 계속 떠올랐습니다. 몸은 이완되는 느낌이었지만 정신적 피로감은 해소되지 않았습니다.

피로감을 해소하는 효과적인 방법

저의 피로 해소 방법이 잘못됐다는 사실을 깨달은 건 일로나 보니웰 박사로부터 감정회복습관 트레이닝을 받을 때였습니다. 보니웰 박사는 이렇게 말했습니다.

"현대인들이 자주 경험하는 피로감이나 초조함, 앞일에 대한 불안감과 걱정 같은 부정적인 감정을 해소하기 위해서는 '기분 전환'이 필요합니다."

기분 전환이란 감정의 종류를 바꾸는 것을 말합니다. 부정적인 사고나 감정에는 끈끈한 '점착성'이 있습니다. 그래서 우리는 좀처럼 다른 곳으로 눈을 돌리지 못하고 부정적인 사고와 감정에 휩쓸리게 됩니다.

예를 들어 전철역에서 판매하는 주간지의 기사 제목을 떠올려보시기 바랍니다. 유명인에 대한 비방, 주변국에 대한 근거 없는 비난, 참혹한 사건 사고 등 더는 수위를 높일 수 없을 정도로 심한 수준의 부정적 단어가 나열되어 있을 것입니다.

이유는 단순합니다. 부정적인 단어가 사람들의 눈길을 끌어당겨 주간지를 구매하게끔 만든다는 사실을 미디어 제작자는 잘 알고 있기 때문입니다. 이 같은 현상은 신문이나 인터넷, 텔레비전 뉴스 프로그램은 물론 블로그에서도 찾아볼 수 있습니다. 부정적인 어휘를 제목으로 삼을수록 시청률이나 인터넷 기사 클릭 횟수가 높아지기 때문이지요.

이것은 실제로 심리학 연구에서도 증명된 '부정적 편향 Negativity Bias'이라는 정신 작용입니다. 우리의 뇌에는 자기 자신과 가족을 위험으로부터 지키기 위한 방어 기제가 있어서 부정적인 정보를 접하게 되면 저절로 민감하게 반응합니다. 그 결과 부정적인 정보와 체험이 더 강한 인상으로 뇌에 기억됩니다.

하지만 여기에서도 균형이 필요합니다. 방어 기제가 너무 강하게 작동하면 부정적인 정보에 지나치게 민감해져버립니다. 이는 외부 정보에만 해당하는 이야기가 아닙니다. 이미 경험을 통해 내부에 쌓인 부정적인 체험도 반복적으로 떠오르며 우리를 괴롭힙니다. 휴가를 보내던 당시 저도 부정적 편향이라는 덫에 걸려 있었습니다. 호텔에 머무르면서도 머릿속에서는 부정적인 감정이 꼬리에 꼬리를 물었던 것이지요.

이 덫으로부터 빠져나오는 일은 매우 어렵습니다. 그렇다고 해결책이 전혀 없는 것은 아닙니다. 감정회복습관 트레이닝의 장점은 문제의 원인뿐 아니라 그 해결책까지 제시해준다는 점입니다. 그 해결책 중 하나가 '기분 전환'입니다.

야근이 많은 사람에게 효과적인 해결책

고된 업무로 인한 스트레스, 또 그 스트레스를 풀기 위해 술의 힘을 빌리던 A 씨의 문제는 심신이 모두 지쳐 느끼는 '피로감'이었습니다. 게다가 스트레스가 계속 쌓이자 예전에 과로로 쓰러졌던 경험이 떠올라 '불안'이라는 부정적인 감정까지 느끼는 상태였습니다.

'과연 이대로 건강을 유지할 수 있을까……'

이런 불안한 마음이 드는 것은 당연합니다. 만약 그가 서른 다섯 살이라면 앞으로 30년 정도는 더 현역으로 근무해야 합니다. A 씨는 기나긴 직장 생활 레이스에서 아직 반환점에조차 도달하지 못했습니다. 바라돈과 같은 이 레이스를 버텨내기 위해서는 건강한 육체가 필요합니다. 아울러 마음의 건강도 챙겨야 합니다.

그러기 위해서는 '기분 전환'을 습관화하는 새로운 근무 방식부터 찾아내야겠지요. 특히 A 씨는 한 번 건강을 해쳤던 경험이 있으므로 반복되지 않도록 현명하게 대처할 필요가 있습니다. 알코올에 의존하는 기존의 스트레스 해소법은 잊어버리고 피로나 불안 같은 부정적인 감정을 발견하는 데 초점을 맞춰야 합니다.

부정적인 감정을 발견했다면

부정적인 감정이 오래가지 않도록 하는 습관은 직장과 가정에서 만들어야 합니다. 여기서 말하는 기분 전환은 '부정적인 일이 생각나기 시작했다면 이번에는 긍정적인 일을 생각하라'는 이야기가 아닙니다. 생각을 전환시키는 일은 생각보다 쉽지 않습니다. 적어도 저는 그렇게 해서 성공한 경험이 없습니다. 부정적 편향에 대항할 수 있을 정도로 의지력이 강한 사람은 그리 많지 않습니다.

머리가 아닌 몸을 써서 기분을 전환하는 것이 더 효과적입니다. 생각이나 기분을 바꾸기 위해서는 먼저 몸을 움직여야 합니다. 가능하면 자신이 열중할 수 있는 일, 라이프 스타일에 맞춰 지속할 수 있는 일이 가장 좋습니다.

효과적인 '기분 전환' 방법 네 가지는 앞에서 소개해드렸습니다. 주로 몸을 움직임으로써 부정적인 감정으로부터 우리의 의식을 전환시키는 방법입니다. 야근이 많은 직종에 근무하던 A 씨와 같은 분께 권하고 싶은 방법 역시 운동입니다. 그중에서도 조깅이나 워킹, 수영이나 헬스 등이 좋습니다. 모두 혼자서도 할 수 있는 운동이라 바쁜 생활 속에서도 비교적 실천하기가 수월한 편입니다.

제가 예전에 모셨던 상사 한 분도 매일 아침 출근 전에 조깅을 하는 습관이 있었습니다. 심지어는 해외 출장지에서도 거르지 않고 호텔 근처를 30분 정도 달렸다고 합니다.

삶이라는 기나긴 레이스를 완주하기 위해서는 마라톤 선수처럼 자기 관리를 해야합니다. 생동감 있게 오랜 시간 일하기 위해서는 신체, 감정, 사고, 정신을 향상시키는 습관을 들여야 하지요. 육체 건강을 관리하고 부정적 감정을 전환하기 위해서 출근 전후의 시간을 이용해 운동하는 습관은 매우 유익합니다.

분노를 비우는 방법

저와 잘 알고 지내는 B 사장의 고민은 '분노를 조절할 수가 없다'는 것이었습니다.

B 사장은 어느 직원보다도 열성적으로 일하는 하드 워커입니다. 과거에 심각한 적자 상태에 빠진 기업을 살려냈을 정도로 역경을 이겨내는 힘이 탁월한 경영자이기도 합니다. 다만 안타깝게도 회사 직원들의 단점이 너무 크게 보이는 것이 문제였습니다.

이 기업에서는 주 1회 사장과 간부들이 모여 정기 회의를 합니다. 그러다 보면 간혹 직원들이 지난번 회의 과제를 다 끝내지 못한 경우가 있습니다. 직원들이 농땡이를 부리거나 게으름을 피운 게 아니라는 사실을 잘 알고 있지만, 그럼에도 B 사장은 "왜 내가 지시한 대로 일을 하지 않았나? 시간 낭비 아닌가!"라고 불호령을 내리는 식입니다.

이렇게 고함을 치면 직원들은 위축되어 풀이 죽고 회사 전체의 분위기가 가라앉을 뿐 아니라 직원들의 업무 수행 능력도 떨어진다는 사실을 B 사장 본인도 잘 알고 있었습니다. 그렇지만 B 사장은 도저히 화를 참을 수가 없었습니다. 그래서 언제나 회의가 끝난 후에 '오늘도 또 폭발하고 말았어……' 라며 자기혐오에 빠지고는 했지요.

사실 B 사장은 알게 모르게 사람들을 배려하는 속정이 깊은 성격의 소유자입니다. 그렇기 때문에 어려웠던 시절부터 함께 힘을 모아 위기를 극복했던 직원들에게 충동적으로 분노를 쏟아냈다는 사실이 더 죄스럽게 느껴졌습니다. 자기 자신에게 점점 화가 나고, 또 이런 감정을 겉으로 표출하게 되는 부정적 상황이 모두 스트레스로 다가왔습니다.

분노 때문에 어려움을 겪는 사람 중에는 심리학에서 말하는 'A 타입'의 사람이 많지 않을까 싶습니다. 'A 타입'은 경쟁의식이 강하고 효율성에 집착하며 낭비를 무엇보다 싫어하는 경향을 지닌 사람입니다. '성격이 급한 사람'이 이에 해당한다고 볼 수 있겠습니다.

이들은 금방 화가 치밀어 올라서 분노가 폭발하는 이른바 '다혈질형 인간'이기도 합니다. 다혈질형 인간은 감정 기복이 심하고 화가 나면 얼굴이 새빨개졌다가도 금세 또 핏기가 가시는 등 혈압도 오르락내리락해서 자율 신경계나 호르몬 교란이 일어나기 쉽습니다. 물론 심장에도 적잖은 부담이 가겠지요.

이러한 유형의 사람들이 사회적으로 성공하는 경우가 많습니다. 하지만 심장 질환에 걸리거나 돌연사할 위험도 큽니다. 실제로 장기간에 걸친 연구 결과, 유유자적한 성격의 'B 타입'보다 'A 타입'의 사람들이 심장 질환에 걸릴 확률이 두세 배 높다는 사실이 밝혀졌습니다.

'흑백 논리'에 빠지지 않으려면

B 사장에게 주어진 과제는 일 때문에 생기는 부정적인 연쇄 반응의 고리를 끊어버리기 위해 분노라는 감정에 맞서는 '분노 관리'였습니다. 원래는 분노를 해소하기 위한 '기분 전환' 방법을 찾아보는 것이 순서이겠으나, B 사장의 경우에는 분노 문제가 상당히 오랫동안 지속되어 왔으므로 그 근본 원인을 찾기 위해 감정회복습관을 강화하는 두 번째 테크닉인 '고정 관념'을 분석했습니다.

감정회복습관 트레이닝에서는 사람들이 생각하는 방식에 몇 가지 유형이 있다고 판단합니다. 그 대표적인 사고방식의 유형을 일곱 가지의 '고정 관념 강아지'로 나누어 부정적 감정의 근본 원인을 알기 쉽게 설명합니다.

B 사장의 내면에 살고 있는 고정 관념 강아지 '비판견'은

회의 시간 중에 짖어댑니다. 비판견은 타인을 비난하거나 비판하는 고정 관념 강아지입니다. '그건 네 책임이지!', '시간과 노력의 낭비야!', '더 요령 있게 진행할 수는 없어?'라며 마음속의 비판견이 짖어대는 탓에 비효율적이고 애매한 상황을 매우 싫어하는 B 사장은 뭐든지 극단적으로 생각하는 '흑백 논리'에 갇혀 분노한 것입니다.

B 사장은 실무 경험이 매우 풍부한 경영자입니다. 그래서 업무상 리스크를 미리 내다보지 못하는 간부라든가, 실수를 했으면서도 그걸 깨닫지 못하는 직원을 볼 때마다 '대체 왜 그렇게밖에 못 하는 거야!' 하는 생각과 함께 그들의 단점이 크게 다가온 것이지요.

B 사장의 마음속에 왜, 그리고 언제부터 비판견이 살기 시작했는지는 알 수 없습니다. 이 역시 흥미로운 일이기는 합니다만, 감정회복습관 트레이닝에서는 심층적인 심리 분석까지 할 필요가 없습니다. 관리상의 장애 요인으로 작용하고 있는 비판견이라는 고정 관념을 처리하는 것이 우선 과제입니다. 이를 위한 방법으로는 세 가지 선택지가 있습니다.

먼저, 고정 관념이 자신에게 아무런 도움도 되지 않으며 잘못된 내용이라고 느껴진다면 의식적으로 이를 추방해버리는 방법이 있습니다. 부정적인 감정의 연쇄 반응 고리를 끊어버려서 그 고정 관념 강아지를 자유롭게 풀어주는 겁니다. 한번 풀어주면 더 이상 그것은 자신이 키우는 고정 관념 강아지가 아닙니다. 따라서 뭐라고 짖든 무시해버려야만 합니다.

하지만 그 고정 관념 강아지가 짖어대는 내용이 옳을 때도 있습니다. 그때는 이를 수용하고 열린 마음으로 고정 관념 강아지가 보내는 메시지를 받아들여야 합니다. 이것이 두 번째 선택지입니다.

세 번째 선택지는 고정 관념 강아지가 짖어대는 내용에 전면적으로는 찬성할 수 없지만 어쩌다 한 번씩은 일리 있는 내용인 경우도 있으므로, 그 고정 관념 강아지를 길들이고 '훈련'시키는 것입니다. B 사장의 선택은 바로 이 세 번째 방법이었습니다.

B 사장이 내면에서 기르고 있었던 비판견은 '저 직원은 좀 더 업무를 효율적으로 해야만 해!'라는 메시지를 보내며 짖을 때가 많았는데, 이는 어느 정도 타당한 지적이었습니다. 비판견이 메시지에 귀를 기울여야 하는 때도 있습니다.

마감 기한까지 직원이 업무를 끝내지 못했거나 준비 부족으로 인해 실수를 저질렀을 때 경영자 입장에서 화가 나는 것은 어찌 보면 당연한 일입니다. 그런 감정을 꾹꾹 눌러가면서 마냥 참기만 하면 직원들도 성장하지 못하고 본인 역시 지나친 감정 억제로 인해 건강을 해칠 수 있습니다.

'내 안에 있는 강아지 한 마리를 그대로 받아들일 수는 없지만 그렇다고 해서 내쫓아야 할 정도는 아니다. 정도를 넘어섰을 때마다 잘 달래는 방법으로 길들일 필요가 있다'라는 결론을 내린 B 사장은 비판견을 길들이는 쪽을 선택했습니다. 제가 보기에도 합리적인 판단이었다고 생각합니다.

화가 치밀어 오를 때마다 빠른 속도로 걷는 습관

다음 단계는 비판견이 정도를 넘어설 때 어떻게 훈련시킬 것인지, 그 구체적인 방법을 모색하는 단계입니다. 비판견을 진정시킬 수 있는 새로운 습관을 만드는 일이지요.

"화가 난다고 느낄 때 어떤 방식으로 기분 전환을 하시나요?" B 사장에게 묻자 "퇴근 후에 집에 가서 벤치 프레스를 합니다"라는 대답이 돌아왔습니다. B 사장에게는 자택에 마련해 놓은 운동 공간에서 땀을 흘리며 스트레스를 해소하는 습관이 있었습니다.

"벤치 프레스를 하면 아주 속이 다 시원해집니다."

그렇지만 회사 사장실이나 회의실에 역기나 아령과 같은 헬스 기구를 갖다 놓는 일은 현실적으로 어려웠습니다. 회의

도중에 갑자기 화가 치밀어 오른다고 헬스를 할 수노 없는 노릇이고요. 그래서 절충안으로 제안한 방법이 '빠른 속도로 걷기'였습니다.

분노라는 감정은 마치 전염병과도 같아서 화를 내는 사람으로부터 전방위로 발산되어 주변 사람들까지도 불안하게 만듭니다. 화를 내는 본인 역시 불안하고 초조해지는 것은 마찬가지입니다. 또한 상대방의 비굴해진 태도, 혹은 전혀 반성하지 않는 듯한 표정, 아니면 그냥 얼굴 자체를 보는 것만으로도 새로운 분노가 치밀기도 합니다. 이것이 바로 분노의 연쇄 반응입니다.

그래서 저는 B 사장에게 일단 그 자리를 벗어나서 산책할 것을 권했습니다. 회의 중이었다면 잠깐 쉬자고 제안한 후 회의실을 나서면 됩니다. B 사장은 "내가 사장이니까 그건 얼마든지 가능합니다"라고 답했습니다.

다만 여기서 담배를 피우러 가는 것은 안 됩니다. 흡연은 스트레스 해소를 위한 기호품이지만 끈덕지게 달라붙는 부정적인 감정을 사라지게 할 수는 없습니다. 몸을 움직여서 분노라는 감정으로부터 탈출해야 합니다. 이를 위해서는 담배보다 산책이 훨씬 더 효과적입니다.

'빠른 속도로 걷기'는 임상 심리 전문가들도 권장하는 기분 전환 방법입니다. 제가 이 방법에 대해 알게 된 것은 한 동료가 제게 먼저 권유했기 때문입니다. 그 동료는 '폴'이라는 이름의 영국인으로 저보다 열두 살이나 많은 베테랑 직원이었습니다. 당시 저희 회사는 인수합병을 단행했는데, 폴은 상대회사의 임원이었습니다. 인수합병 이후 다른 회사에서 스카우트 제의가 있었지만, 더 큰 규모의 일을 해볼 수 있겠다고 판단해 회사에 남은 진취적인 사람이었습니다.

그러나 합병된 이후 업무 방식은 달라졌고 사내에서 쓰는 용어도 바뀌었습니다. 예측하지 못했던 갑작스러운 변화에, 그는 때때로 불안하기도 하고 화가 나기도 했습니다. 인수합병에 대한 불만이 있어도 마음 놓고 속내를 털어놓을 만한 사람 한 명 없었습니다. 끓어오르는 감정을 발산할 만한 대상도 없었습니다. 그는 리더이기 때문에 부하 직원들 앞에서 늘 웃는 표정으로 행동해야만 했습니다.

그래서 그가 시작한 것이 점심을 먹은 뒤 '빠른 속도로 걷기'였습니다. 새로운 회사의 업무 방식에서 오는 스트레스를 이 습관으로 적절히 해소하고 있었습니다.

저는 그 당시 정기적으로 폴과 점심을 먹었습니다. 폴이 간부로서 쌓아온 풍부한 견식은 저에게 매우 신선하게 다가왔고, 그만큼 배울 점도 아주 많았습니다.

샌드위치를 한입 가득 베어 물면서 폴은 "왜 사람들은 딱딱한 이론만 늘어놓고 바로 실행하지는 않는지 모르겠다", "회의가 너무 많고 또 회의 시간도 너무 길다. 이래서는 효율이 오르지 않는다" 등의 비판을 했습니다. 아마도 그 역시 내면에서 비판견을 키우고 있었던 것이겠지요.

점심 식사를 마친 후에는 항상 빌딩 주위를 한 바퀴 도는 것이 일상이었습니다. 1킬로미터쯤 되는 거리를 10분 정도 아무 말 없이 빠른 속도로 걸었습니다. 그 시간에는 전혀 말을 하지 않았습니다. 그저 묵묵히 걷고 또 걸을 뿐이었지요.

폴은 50대였지만 주말에 아들의 축구팀 코치를 할 정도로 체력이 좋았습니다. 그래서 저는 그와 보조를 맞추어 걷는 일이 조금 벅찼습니다. 하지만 그렇게 걷고 나면 불쾌한 감정은 말끔히 사라지고 상쾌한 기분으로 오후 업무를 시작할 수 있었습니다.

'빠른 속도로 걷기'의 효과

'빠른 속도로 걷기'는 불균형한 호흡을 고르게 하는 효과가 있습니다. 그리고 부정적인 감정을 끊어내고 기분 전환을 하는 데에도 매우 효과적입니다.

분노 관리가 필요한 B 사장에게 이 방법을 권유했을 때, 무엇이든 열성적으로 배우는 성격의 B 사장은 곧장 실행에 들어갔습니다. 효과는 바로 나타났습니다. 산책 후의 회의에서는 예전처럼 화를 내지 않게 된 것입니다. B 사장은 회의 중에 분노가 치밀면 "잠깐 쉬었다 하지"라고 말한 후 잠시 바깥에 나가 산책하는 습관을 들였고, 이를 통해 분노를 조절할 수 있는 수준까지 도달해 전보다 침착함을 유지할 수 있게 됐습니다. 당연히 회사 전체의 분위기도 밝아졌다고 합니다.

아직도 가끔 욱하는 감정이 머리끝까지 치밀어 화를 내곤 하지만, 감정을 가라앉힌 후에는 반드시 직원들에게 사과한다고 합니다. '빠른 속도로 걷기'는 친구 혹은 가족과 입씨름이 벌어졌을 때에도 도움이 됩니다. 갈등이 심해져서 서로 한 발도 양보하지 않는 교착 상태에 빠지게 되면 상대의 얼굴을 보는 것만으로도 화가 치밀어 오릅니다.

그럴 때는 잠시 머리를 식히고 오겠다며 밖으로 나간 뒤 집 근처를 빠른 속도로 걸어보십시오. 편의점에 들러 음료수를 한 병 사는 것도 좋습니다. 다만 걷고 있는 동안에는 상대방이 나에게 한 말을 곱씹지 말고, 걷는 행위 자체와 호흡의 흐름에 의식을 집중하는 게 중요합니다. 그렇게 하면 집으로 돌아올 무렵에는 더 현명한 판단을 할 수 있는 상태로 되돌아와 있을 겁니다.

스트레스를 비우는 방법

어느 지방 대학교에서 사무직으로 일하는 여성 C 씨는 계속되는 강도 높은 업무에 정신적으로 매우 지쳐 있었습니다. 학교에서는 고질적인 인력 부족을 이유로 사무직인 C 씨에게 과도하게 일을 맡겼고, C 씨는 본인 능력을 훨씬 초과하는 업무량에 시달리고 있었습니다.

이직하려고 해도 지방에서는 선택의 폭이 그리 넓지 않았습니다. 그녀는 극도의 스트레스 속에서 평생 일을 해야 한다고 생각하며 우울한 감정을 키웠습니다. 사면초가에 빠진 것 같은 기분에 온몸이 부들부들 떨릴 때도 많았습니다.

제가 C 씨에게 해준 조언은 퇴근 후 '산책'하는 습관을 들이라는 것이었습니다. 같은 산책이라고 해도 B 사장의 경우에는 '각성계'에 속하는 분노 감정을 전환하기 위한 이른바 '가스 빼기'가 주된 목적이었습니다. 이에 비해 C 씨의 경우는 '언제까지 이렇게 살아가야 하나……'라는 불안함과 우울함, 즉 '소모계'인 부정적 감정과 맞서는 것이 주목적이었습니다.

따라서 '가스 빼기'보다는 '긴장 풀고 쉬기'에 트레이닝의 초점이 맞춰졌지요.

"회사나 집 근처에 산책할 만한 곳이 있습니까?" 하고 묻자 C 씨는 "집 뒤에 작은 숲이 있는데 거기에서 산책하면 기분 전환에 도움이 될지도 모르겠네요"라며 긍정적인 반응을 보였습니다.

나무와 풀을 보면서 산책하는 행위를 '그린 엑서사이즈'라고 합니다. 가벼운 운동 효과와 함께 정신적인 치유까지도 기대할 수 있지요. 업무에서 오는 스트레스와 미래에 대한 불안감도 숲 속 길을 걷다 보면 해소될 것이라 생각했습니다.

C 씨에게 특히 강조한 내용은 '스트레스를 다음 날까지 가져가지 말 것'이었습니다. 벅찬 업무에서 오는 스트레스와 그로 인한 불안, 걱정 등의 부정적 감정은 가능한 빨리 털어버리는 것이 중요합니다. 가능하면 일과 중에, 다시 말해서 잠자리에 들기 전에 해소하는 것이 바람직합니다.

스트레스를 다음 날까지 가져가지 않고 부정적 감정을 그날 안에 전환시키는 습관을 들이면 수면의 질이 높아집니다. 푹 자고 나면 다음 날 아침에 눈을 뜰 때 한결 가뿐해진 몸 상태를 느낄 수 있습니다.

수면의 질이 얼마나 중요한가는 이미 확인된 바 있습니다.

일반적으로 일 때문에 얻은 스트레스를 해소하기 위해서는 충분히 자는 것이 중요합니다. 예를 들어 유럽에서 일하는 사람들은 대부분 여름이나 크리스마스 시즌에 장기 휴가를 떠납니다.

그러나 장기 휴가를 통해 얻을 수 있는 회복 효과가 어느 정도인지, 그것까지는 밝혀지지 않은 상태였습니다. 그래서 독일의 어느 심리학자가 '장기 휴가에 따른 회복 효과는 얼마나 오래 지속되는가'를 연구 주제로 해 직장인들을 대상으로 조사했습니다.

그 결과, 장기 휴가를 통해 일상적인 업무 스트레스와 피로감은 해소되지만, 그 효과는 일시적인 것에 지나지 않고 이내 다시 원래의 수준으로 돌아온다는 사실이 밝혀졌습니다. 오랫동안 휴가를 가도 그 효과는 단기적이라는 얘기지요.

그렇다면 어떻게 해야 할까요? 해답은 '퇴근 후에는 업무와 심리적으로 거리를 두는 것'입니다. 이를 '감정적으로 거리 두기mental Detachment'라고 합니다. 일단 사무실에서 나온 뒤에는 업무와 심리직으로 거리를 두고 일에 집착하지 않아야 합니다. 이 습관을 지닌 사람은 장기 휴가를 다녀온 사람보다 훨씬 더 심신이 건강했습니다.

우울한 기분으로 아침을 맞이하지 않는다

업무와 심리적인 거리를 두는 일은 부정적인 감정을 전환하는 습관과도 관련이 있습니다. 이를 위해 할 수 있는 일은 여러 가지가 있습니다. 예를 들어 조깅, 워킹, 에어로빅, 수영 등의 유산소 운동은 천연의 묘약이라고 하는 양성 호르몬 '엔도르핀'의 분비를 촉진하는 놀라운 효과가 있습니다. 자신 있는 악기를 연주한다거나 좋아하는 음악을 감상하는 것도 쾌감 호르몬 '도파민'의 분비를 촉진해 행복감을 느끼게 해줍니다.

요가나 명상 등 호흡을 정돈하는 전통적인 방법 역시 스트레스 감소에 탁월한 효과가 있는 '세로토닌'의 분비를 촉진합니다. 잠자리에 들기 전 자신이 그날 느꼈던 감정을 써보는 '글쓰기 치료'도 부정적 감정을 진정시키는 작용을 합니다. 자신의 내면에서 빙글빙글 되풀이되기 쉬운 감정을 외부로 표출하는 것이 주된 목적입니다.

이 방법들은 모두 효과가 실제로 입증된 기분 전환 방법으로써 근무 모드에서 휴식 모드로 마음의 스위치를 전환하고 일에 대한 집착을 떨쳐버릴 수 있도록 도와줍니다. 이 중에서 자신의 기호나 라이프 스타일에 맞는 것을 골라 그날 안에 스트레스를 해소시키는 긍정적인 습관을 지니게 되면 수면의 질은 자연스럽게 좋아집니다. 부정적 감정에 사로잡히지 않고

'오늘도 좋은 하루였어'라며 만족스러운 기분으로 잠자리에 들면 다음 날 아침이 달라집니다. 기분 좋게 눈을 뜨면 하루가 행복합니다. 아침에 눈을 떴을 때 느끼는 상쾌한 기분과 낮에 일할 때의 의욕은 서로 상통합니다. 즉, 우울한 기분으로 아침을 맞이하지 않는 것이 행복한 하루를 결정하는 열쇠가 되는 셈입니다.

'미래 스트레스'가 우울한 기분을 만든다

감정회복습관을 몰랐을 때 저는 매우 우울한 기분으로 아침을 맞이하곤 했습니다. 처음 경험하는 해외 근무지에서 중책을 맡았을 때의 일입니다. 국내에 있을 때보다 더 치열하게 일했지만 여러 가지 사고가 계속 일어났고, 상사의 기대에 부응하는 실적을 올리지 못해서 스트레스는 점점 더 심해졌지요. 그러다 보니 건강도 나빠져서 어깨 결림, 요통, 두통, 복통에 시달렸습니다. 휴식을 취해도 아침에 눈을 뜨면 여지없이 우울한 감정이 밀려들었습니다.

그 원인은 불안과 죄책감이었습니다. '이 상태로 가도 앞으로 괜찮은 걸까?'라는 '미래 스트레스'에서 오는 불안감과 '실적이 부진한 것은 책임자인 내 탓'이라는 죄책감이 계속 회오리치고 있었던 것입니다.

　불안과 죄책감의 근본 원인에는 내면에 이전부터 자리 잡고 있던 두 마리의 '고정 관념 강아지'가 있었습니다. 바로 '걱정견'과 '사죄견'입니다. 업무에 문제가 발생했을 때부터 두 마리의 고정 관념 강아지가 계속 멍멍 짖어대기 시작했습니다. 잠자리에 들어도 정신은 여전히 긴장 상태를 벗어나지 못해서 좀처럼 잠을 이룰 수 없었습니다. 결국 불면증에 걸렸고 수면 보조제에 의존하는 날이 많아졌습니다. 그 당시 제 소원은 아침까지 깨지 않고 푹 자는 것이었습니다. 사업 성공이나 경제적 부가 아닌, 그저 행복한 기분으로 아침에 눈을 뜨고 싶었습니다.

라이팅 테라피

감정회복습관을 알게 된 이후 저는 항상 즐거운 마음으로 아침에 눈을 뜹니다. 제 나름대로 개발한 기분 전환 습관 덕에 부정적 감정을 다음 날까지 가져가지 않기 때문입니다. 우울한 아침을 맞이하던 시절을 떠올려보면 기분 좋게 하루를 시작하는 지금이 얼마나 소중한지 깨닫게 됩니다.

저만의 기분 전환법은 주로 실내에서 할 수 있는 것들입니다. 예를 들면 저는 앉아서 일하는 시간이 많으므로 퇴근 뒤에는 아파트 단지 내에 마련된 자그마한 헬스클럽에 가서 20분 정도 러닝머신 위를 달립니다. 잠자리에 들기 전에는 기분 전환을 위해 명상을 합니다. 일기 쓰기도 병행하고 있습니다. 불쾌한 경험을 한 날에는 이면지를 앞에 놓고 그때그때 떠오르는 생각을 자유롭게 적습니다. 그러면 부정적 사고와 감정을 문자화시켜 외부로 내보낼 수 있습니다. 문장 하나하나를 보면 유치하기 짝이 없더라도 신경 쓰지 않고 그저 써 내려갑니다. 팔이 아프더라도 계속 씁니다. '뭐 그까짓 일 따위, 아무것도 아니네' 하는 마음이 들 때까지 계속해서 씁니다. 이는 '라이팅 테라피Writing Therapy'라고 하는 치료 요법입니다. 일기 형식으로 쓰는 것도 괜찮고, 편지글의 형식으로 자신을 화나게 한 상대에게 하고 싶은 말을 써보는 방법도 괜찮습니다(물론 그 편지를 진짜로 부치는 방법은 별로 권하지 않습니다).

감정을 내면에 꼭꼭 가두고 뚜껑을 덮어버리는 대신 밖으로 표출하는 '글쓰기 치료'는 뇌에도 긍정적인 효과가 있습니다. 분노나 두려움 같은 인간의 '기본 감정'은 원시적 뇌라고 일컫는 뇌의 중추 부분에서 발생하는데, 매우 충동적이기 때문에 컨트롤하기가 어렵습니다. 그렇지만 이때 쓰는 행위를 하면 이성과 상상력을 관장하는 대뇌 신피질이 활성화됩니다. 감정을 관장하는 원시적 뇌가 아닌, 다른 부위가 일을 하게 되는 것이지요.

글쓰기를 하다 보면 감정이 진정되고, 한발 더 나아가 복잡하게 얽힌 마음의 실타래도 정리할 수 있게 됩니다. 아울러 자신에게 일어난 사건을 더 적극적인 자세로 받아들이게 되는 '재해석' 효과도 얻을 수 있습니다.

특히 작가는 정신적으로 피로하기 때문에 비관적이 되거나 노이로제에 걸리기 쉽다고들 하지만 글쓰기로 부정적인 감정을 표출하기 때문에 정신적인 균형을 유지할 수 있다고 합니다. 이는 다른 지식 노동자에게도 해당되는 이야기입니다.

글쓰기로 기분을 전환하는 경우를 말하다 보니, 콜센터에서 일하는 여성 D 씨가 저에게 해준 이야기가 떠오릅니다. D 씨는 새로운 직장으로 이직하고 나서부터 화가 나는 일도, 스트레스를 받는 일도 많이 줄어들었다고 합니다.

업무 내용이 바뀐 것은 아니었습니다. 그녀는 이직하기 전에도 콜센터에서 근무했습니다. 불특정 다수를 상대로 전화를 받는 콜센터 업무는 올바른 대답을 해야 한다는 불안감, 항의하는 목소리에 대한 두려움, 그리고 다른 사람의 분노를 받아줄 때 느끼는 부정적 감정이 심한 업무입니다. 결코 정신적으로 편하다고는 할 수 없는, 스트레스 강도가 높은 일이지요.

똑같은 직종에 근무하는데 어째서 지금은 스트레스를 받지 않는지, 그 이유가 알고 싶어진 저는 D 씨에게 이런저런 질문을 했습니다.

우선 외적 환경으로 보자면 야근하는 날이 줄어들었고, 급여 면에서도 대우가 좋아졌습니다. 그렇지만 그것만으로는 현격히 줄어든 스트레스가 설명되지 않았습니다. 무엇이 D 씨에게서 긍정적 감정을 끌어낸 것일까요? D 씨는 어떻게 부정적 감정을 지워버릴 수 있었을까요?

비결은 '근무 일지'에 있었습니다. 고객이 민원을 제기하면 그 내용을 즉시 비망록에 기록하는 습관을 들이기 시작했던 것입니다. 관점을 바꾸면 민원은 고객의 희망 사항을 알 수 있는 귀중한 정보이기도 합니다. 민원 내용을 기록으로 남기자는 의견이 나온 뒤부터 근무 일지를 쓰기 시작했습니다.

업무에 지장이 없도록 신속하게 작성해야 했기 때문에 요점만 메모하는 연습도 했다고 합니다. 그렇게 하면 생각이 쉽게 정리되고 기록한 내용이 바로 머릿속에서 내보내져 뇌의 기억 저장고가 비워집니다. 민원의 내용이 기억 저장고에 남지 않는 것입니다. 부정적인 감정을 내면에 남겨 두지 않는 훌륭한 기분 전환법이 생긴 사례입니다.

누가 하라고 해서 시작한 게 아니라 주체적으로 기록했다는 점도 좋은 결과를 가져온 요인 중 하나였습니다. 예를 들면 상사의 지시로 쓰는 근무 일지는 그 자체가 스트레스입니다. 하지만 D 씨의 경우는 직원들이 모여 자발적으로 일지를 기록하자는 아이디어를 내놓았기 때문에 근무 일지가 스트레스로 작용하지 않았습니다.

이처럼 부정적 감정의 기분 전환은 그날 해결하고 넘어가는 것이 이상적입니다. 스트레스를 다음 날까지 묵히지 않는 것이지요.

그러나 바쁘게 일하는 사람이라면 그럴 만한 시간적 여유가 없을 수도 있습니다. 그럴 때는 적어도 다음 주까지 그 스트레스를 가져가지 않도록 주말에라도 기분을 전환할 것을 권장합니다.

감정 비우기 습관:
부정적 감정은 그날 해소한다

남성 E 씨는 통신 회사에 근무하는 엔지니어입니다. 예상치 못한 사건 사고와 민원이 많은 업무라고 합니다.

회사 조직 시스템마저 제대로 운영되지 않아서 대부분의 문제는 스스로 해결해야 했고, 상사는 강 건너 불구경인 데다가 업무를 분담시킬 부하 직원도 없었기 때문에 고군분투하는 날이 계속됐다고 합니다.

그럼에도 그 힘든 업무를 수행할 수 있게 한 원동력은 본인의 강점인 '인내력'이었습니다. 그래도 스트레스는 쌓였고 의논할 사람도 없었기 때문에 E 씨는 점점 지쳐갔습니다.

스스로 컨트롤할 수 없는 상황이 계속되면 피로감뿐만 아니라 무력감마저 느껴져 결국은 '탈진 증후군'으로 발전할 위험이 큽니다.

"그때는 정말 쓰러지기 직전의 상태였습니다."

E 씨도 당시를 이렇게 회상할 정도입니다. 업무 스트레스

로 인해 몸과 마음이 극도로 지쳐 있던 것이지요.

충분히 잠을 자고 휴식을 취해도 피로가 풀리지 않는다면 그건 육체적인 피로가 아니라 정신적인 피로일 가능성이 큽니다. 스트레스가 해소되지 않은 상태로 남아 있기 때문입니다. E 씨를 구원해준 것은 초등학생 아들 때문에 맡게 된 유소년 소프트볼 팀의 감독 일이었습니다. 유소년 스포츠단이라고 해도 감독은 여간 힘든 게 아닙니다. 주말에 연습이나 시합이 잡히면 회사 출장 일정을 조정해야 합니다. 평일에는 주말 훈련 계획을 세워야 하고, 시합이 있을 때는 선수들의 포지션이나 타순, 전술을 미리 연구해야 합니다. 이외에도 다른 팀 감독과 만나 협상해야 할 일이 생기면 빠짐없이 참석해야 합니다. 연습으로 인한 근육통 때문에 월요일 아침만 되면 온몸이 여기저기 쑤시고 아픈 것은 기본이었습니다.

그러나 E 씨는 평일에는 직장인, 휴일에는 소프트볼 감독 생활을 시작하고 나서부터 가슴속 어딘가에서 꿈틀거리던 부정적 감정이 조금씩 사라지고 신체 내부에 활력이 다시 돌아온 것 같았답니다. 탈진 직전에 이를 정도로 격무에 시달리고 있었지만, 아들의 소프트볼 훈련을 위해서 시작한 감독 일 덕분에 주말만큼은 평일의 격무에서 벗어나 부정적 감정을 잊을 수 있었던 것이지요.

특히 소프트볼처럼 치고 달리는 운동은 스트레스 발산에 효과적입니다. 또 그라운드에 나가 햇볕을 쬐는 일도 정신 건강에 좋습니다. 일조량이 적은 가을이나 겨울에는 기분이 가라앉는 'SAD(계절성 정동장애)' 상태에 빠지기 쉬운데, 햇볕을 적절히 쬐면 이를 방지할 수 있습니다.

나아가 아이들을 위해 자신의 시간과 경험을 나누어주는 행위는 '이타성'에 바탕을 둔 사회적 행동입니다. 기쁨이라든가 자랑스러움 같은 긍정적 감정은 부정적 감정을 쫓아내는 효과가 있습니다. E 씨는 이런 말로 이야기를 마무리 지었습니다.

"아들의 유소년 스포츠단 감독을 맡게 된 덕분에 저는 탈진 상태 직전에 다시 살아났습니다."

별로 권하고 싶지 않은 기분 전환법

부정적 감정을 전환하는 데 별로 권하고 싶지 않은 세 가지가 있습니다. 바로 '회식', '노래방', '사행성 오락'입니다.

퇴근 후 회식 자리에 참석하는 것은 흔히 있는 일입니다. 동료들과 친목을 도모하고 목표 의식을 공유하기 위해서지요. 그러나 회식은 감정을 전환시키는 방법으로는 별로 바람직하지 않습니다. 업무로 인해 불쾌했던 기분을 고스란히 다시 떠올리게 되기 때문입니다.

노래방도 마찬가지입니다. 사실 노래를 부르는 행위 자체는 좋은 기분 전환법입니다. 하지만 직장 동료와 함께라면 아무래도 업무의 연장처럼 느껴집니다. 친구나 가족과 함께 가는 경우와는 다르지요. 차라리 1인 노래방에서 혼자 노래하며 기분을 전환하는 것이 낫습니다.

사행성 오락은 직장인이 빠지기 쉬운 유혹입니다. 카지노에 가거나 경마, 경륜 등의 도박을 하면 우리의 두뇌에서 쾌감 물질인 '도파민'이 분비됩니다. 기대감이 상승하고 가슴이 두근거리면 스트레스가 해소되는 듯한 느낌이 듭니다.

하지만 그것은 착각일 뿐, 부정적 감정이 사라진 것은 아닙니다. 그저 도파민이 주는 일시적 쾌감입니다.

도파민은 행복한 듯한 느낌을 들게 하는 호르몬입니다. 그런데 이 호르몬은 목표를 달성한 순간에 사라집니다. 갖고 싶은 무언가를 손에 쥐는 순간, '행복'이 아닌 '허무'를 느끼게 됩니다.

사행성 오락을 할 때는 '여기서 이기면 얼마나 기쁠까?' 하는 기대감에 가슴이 벅차오르지만 막상 승리하면 기대한 만큼의 만족감을 느낄 수 없습니다. 그렇기 때문에 또 다른 성취감을 맛보기 위해 다른 도박을 찾아 나서게 되지요. 졌을 때는 자신이 손에 쥐어야 마땅한 승리의 쾌감을 놓쳤다는 생각이 들어 다시 도전하게 됩니다. 이렇게 도파민의 주술에 걸려 도박의 늪에 한번 빠지면 헤어나기 힘듭니다. 결국 중독되어 버립니다.

부정적 감정은 그날 해소한다

과중한 업무를 수행하는 사람은 스트레스에 취약하며, 중요한 업무를 담당하는 경우가 많아 부정적인 감정의 연쇄 반응에 빠지기가 쉽습니다. 활기 넘치는 모습으로 계속 일하기 위해서는 육체적 피로뿐 아니라 정신적 피로를 스스로 관리할 수 있어야 합니다.

부정적 감정의 고리를 끊어버리려면 먼저 감정의 유형을 파악하는 것이 중요합니다. 감정에 이름을 붙이면 더 쉽게 파악할 수 있겠지요.

그리고 스트레스를 다음 날까지 가져가지 않아야 합니다. 부정적 감정은 그날그날 전환하는 습관이 중요합니다. 그러면 수면의 질이 높아지고 하루를 기분 좋게 시작할 수 있습니다.

아침에 느끼는 감정은 활력에 영향을 주어 그날 하루의 컨디션을 좌우합니다. 기분 좋게 깨어나는 습관이 있는 사람은 생동감 있는 하루를 보냅니다.

기분 전환에 필요한 좋은 습관을 들이면 열심히 일하면서 도 활력을 잃어버리지 않는 행복한 직장 생활을 유지할 수 있습니다.

제 3 장

단련하는 습관

직장 내 스트레스 인지하기

치열하게 일하는 사람은 직장에서 여러 가지 스트레스에 직면합니다. 일본의 후생노동성(일본의 주요 행정 기관 중 하나로 보건 복지, 식품 의약품, 노동 관련 업무를 담당한다)에서는 직장 스트레스를 해소하는 바람직한 대응책을 제시하고 있는데, 그 내용에 따르면 직장인들은 다음과 같은 3대 스트레스를 경험한다고 합니다.

첫 번째는 '긴 근무 시간 때문에 겪는 스트레스'입니다. 휴식 시간이 거의 없거나 잦은 출장, 야근 또는 생활의 리듬이 깨지기 쉬운 2교대나 3교대 근무를 하는 직장인들이 주로 겪습니다.

두 번째는 '긴장도 높은 업무로 인한 스트레스'입니다. 산업 재해의 위험에 노출된 직종, 병원처럼 생명이나 안전을 다루는 직종, 그리고 금융 관련 업무처럼 정확성이 요구되는 직종 근무자들이 주로 겪습니다.

세 번째는 '불편한 대인 관계에서 오는 스트레스'입니다.

이 스트레스는 모든 직종에서 겪을 수 있는데 시위를 이용한 괴롭힘이나 성희롱 및 성추행, 그리고 잘 맞지 않는 상사나 선배와의 인간관계 등에서 유발됩니다. 그리고 평균적으로 전체 근로자의 3분의 1 이상을 차지하는 비정규직 사원은 원만한 대인 관계를 형성하는 데 불리한 환경에 놓여 있기 때문에 소외감을 느끼기가 쉽습니다.

잘 맞지 않는 상사를 만나면 하루하루가 지옥처럼 느껴진다

앞서 말한 3대 스트레스 중에서도 저는 직장 내 인간관계가 가장 스트레스를 많이 유발하는 요소라고 생각합니다. 직장인이 회사에서 느끼는 만족도의 대부분은 직장 상사와의 관계에서 옵니다.

좋은 상사를 만난 사람은 매우 행복하게 일합니다. 지금까지 제가 대화를 나눠본 사람 중 잠재력이 있는 우수한 이들은 대부분 "예전에 모신 상사 덕분에 지금의 제가 있다"라고 말했습니다. 상사에게 감사의 마음을 지니고 있었습니다.

물론 그 반대의 경우도 있습니다. 몇 년 전 실시한 '직장인의 스트레스와 위장 장애에 관한 실태 조사'에 따르면 가장 심한 위통을 일으키는 스트레스의 주된 원인은 '직장 상사'였습니다.

상사와 관계가 불편하다는 이유로 이직을 결심하는 사람도 많습니다. 직장인이 회사를 그만두는 가장 큰 이유 중 하나가 바로 사내 인간관계입니다. 사내 인간관계가 본인의 커리어를 완전히 바꾸는 인생의 전환점이 되는 셈입니다.

또 아무리 열심히 일하려 해도 상사로부터 인정받지 못하면 부정적인 감정이 생기기 마련입니다. 자신의 업무 능력을 제대로 평가하지 않을뿐더러 부하가 하는 일마다 사사건건 어깃장을 놓는 상사라면 지금부터라도 주의하는 게 좋습니다.

회사는 내 맘대로 고를 수 있다 해도 상사는 아닙니다. 선택의 여지가 아예 없는 경우가 대부분입니다. 또한 상사의 행동이나 성격 문제가 개선되기를 바라지 마십시오. 사람은 그렇게 쉽게 바뀌지 않습니다. 제가 알고 있는 한 부하가 원하는 방향대로 상사의 태도와 언행이 바뀐 적은 없습니다. 유감스럽지만 부하가 상사에게 미치는 영향력이란 별로 대단한 것이 못 됩니다.

저도 잘 맞지 않는 상사를 모시고 일한 적이 있습니다. '나한테 이러지 좀 않았으면 좋겠는데……' 하고 아무리 생각해봤자 돌아오는 것은 실망뿐이었습니다. 처음부터 제가 바꿀 수 없는 것을 기대하고 있었음을 나중에서야 깨달았지요.

감정회복습관이 있는 사람은 현실적이고 합리적입니다.

바꿀 수 없는 것을 바꾸기 위해 노력하기보다는 바꿀 수 있는 것에 초점을 맞추어 일하는 방식을 선택합니다. 직장에서 수직적인 상하 관계로 스트레스를 받을 때, 바꿀 수 없는 것은 상사의 성격과 가치관, 말투 등입니다.

그러면 바꿀 수 있는 것은 무엇일까요? 상사의 말과 행동에 '내가 어떻게 반응할 것인가'입니다. 상사를 어떻게 받아들이고 대응할 것인가는 스스로 조절할 수 있습니다.

'핫 버튼'을 누르는 상사와 '쿨 버튼'을 누르는 상사

잘 맞지 않는 상사와 일해야만 하는 경우, 우리의 반응 패턴은 크게 두 가지로 나뉩니다.

첫 번째, 상사의 언행이 나의 내면의 '핫 버튼'을 눌러버리는 바람에, 내 고정 관념이나 감정이 자극을 받아 분노와 불만이 터져 나오는 경우입니다. 열받아서 화가 치밀기 때문에 핫 버튼이라고 부릅니다.

두 번째는 상사의 말이나 행동이 나의 내면의 '쿨 버튼'을 눌러서 상사의 얼굴을 보는 것만으로도 의욕이 사라지고 불안해지며 자신이 작아지는 느낌을 받게 되는 경우입니다.

부정적인 감정의 유형에는 '각성계'와 '소모계'가 있습니다.

● 부정적인 감정을 일으키는 상사에게 반응하는 두 가지 유형

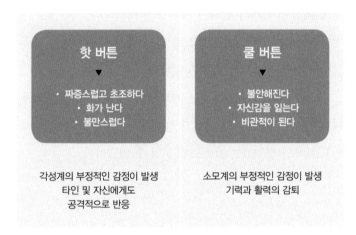

핫 버튼을 누르면 분노와 울분 등 각성계에 속하는 감정의 전원이 켜지고, 쿨 버튼을 누르면 불안감이나 죄책감 같은 소모계 감정에 불이 들어옵니다. 양쪽 모두 우리의 감정을 크게 요동치게 만들어 결국은 심한 피로감을 느끼게 합니다.

"세상은 고통으로 가득하지만,
그것을 극복하는 사람들로도 가득하다"

– 헬렌켈러

부정적 감정의
고리를 끊어내는 연습

F 씨는 상사 때문에 갑자기 짜증이 나는 게 고민입니다. 상사가 F 씨 내면의 '핫 버튼'을 누른 것이지요.

F 씨는 대학을 졸업한 후 여론 조사 기업에 조사원으로 취직해서 전문성을 익혔습니다. 많은 기업을 고객으로 보유하고 있던 그 회사에서 F 씨는 짧은 시간 안에 리서치를 진행하고 윗선에 결과를 보고해야 했습니다. 그래서 야근이 잦았습니다. 늙어서도 계속 직장 생활을 해야 하는데 언제까지고 이렇게 긴 근무 시간을 버텨낼 수는 없겠다고 생각한 F 씨는 아직 벤처 기업의 분위기가 남아 있는 기업으로 직장을 옮겼습니다.

새로운 직장은 사무실 근무였기 때문에 고객들을 대하면서 겪는 스트레스는 없었습니다. 그래서 지금까지 해왔던 것처럼 전문성을 살리면서 여유 있게 일할 수 있을 거라는 기대를 품었습니다. 그러나 상사가 F 씨의 '핫 버튼'을 자극하는 언행을 일삼는 사람이었습니다. F 씨는 새로운 스트레스에 맞닥뜨리게 됐습니다.

그 상사는 기본적으로 인격이 나쁜 사람은 아니었습니다. F 씨의 근무 태도에 대해서도 좋은 평가를 해주었습니다.

이전 회사는 영업이 중심이었던 곳이라 F 씨가 맡고 있었던 리서치가 주요 업무는 아니었습니다. 자연스럽게 F 씨의 업무가 주목받을 일도 없었지요. 하지만 새로운 회사로 옮긴 뒤 F 씨는 입사 6개월 만에 사내에서 큰 상을 받았습니다. 직속상관이 F 씨를 호의적으로 평가하지 않았다면 불가능한 일이었습니다.

하지만 그 상사는 영업 사원 출신이어서, 리서치 업무에 관한 지식이 전혀 없는 사람이었습니다. 업무 난이도나 리서치 업무에 필요한 리드 타임에 대한 이해가 없음에도, 프로젝트의 마감 기한은 늘 독단적으로 정했습니다. F 씨에게는 무리한 업무가 계속 쌓였습니다.

그녀도 처음에는 "이 기간 내에 끝내는 것은 무리입니다"라고 분명히 의견을 전달하려 했지만, 시간이 갈수록 상사를 이해시키기가 힘들어졌습니다. 그도 그럴 것이 애초에 영업 외의 경험이 전혀 없는 사람이라서 리서치 업무의 전문성을 명확히 이해하지 못했기 때문입니다. 말이 안 통하는 느낌을 몇 번 받다 보니 F 씨도 점점 짜증이 나기 시작했습니다.

진지하게 설명해도 상사는 그저 쓴웃음을 짓거나 한숨만 내쉴 뿐, 상황을 전혀 고려해줄 생각이 없어 보였습니다. '내가 젊은 여자라서 내 말을 진지하게 들어주지 않는 걸까?' 하는 생각마저 들자 F 씨는 상사가 한층 더 미워졌고 결국 부정적인 감정의 연쇄 반응이 일어났습니다.

핫 버튼이 눌리면 분노나 짜증 같은 '각성계'의 부정적 감정이 발생합니다. 갑자기 피가 거꾸로 솟는 느낌이 들고 넘치는 에너지를 어떻게 조절해야 할지 모르게 됩니다. 그 부정적 감정을 그냥 꾹꾹 눌러서 참기만 하고 해소하지 않은 채 방치하면 복통 등의 건강상의 이상 징후도 나타납니다. 그렇다고 해서 감정을 발산하려고 하면 이번에는 사람이나 물건에 위해를 가할 수 있는 파괴 위험도가 높아집니다.

특히 짜증을 심하게 느끼는 사람은 '고질적인 불만' 상태에 빠집니다. 불만스러운 감정이 계속 남아 있는 것입니다. 좋은 일이 있어도 맘 편히 기뻐할 수도 없고 세상만사의 나쁜 면만을 받아들이게 되면서 점점 더 불만은 쌓여갑니다. 부정적인 연쇄 반응의 전형적인 경우입니다.

F 씨는 직장 상사와의 관계 때문에 이 고질적인 불만의 악순환에 빠졌습니다.

스트레스의 대가

F 씨가 상사와의 인간관계에서 오는 스트레스를 쌓아두지 않으려고 선택한 방법은 '불평불만을 입에 올리지 않는 것'이었습니다. 더는 상사를 설득하지 않겠다고 결심한 것이지요. 소극적인 방법이기는 했지만 약간은 스트레스가 줄어들었다고 합니다.

그렇지만 대가는 어김없이 찾아왔습니다. F 씨는 평소보다 음식을 더 많이 먹게 됐고 당연히 체중도 늘어났습니다. 인재였기 때문에 다른 직원들보다 많은 양의 업무를 담당하고 있었지만(이 역시 불만 사항 중 하나였지만) F 씨는 묵묵히 해냈습니다. 그 결과 피로가 몸에 쌓였고 감기에도 쉽게 걸리는 등 체력이 약해졌습니다.

외모를 가꿀 만한 시간적 여유가 없다는 점도 불만이었습니다. 워낙 피부가 좋았던 터라 꾸미지 않아도 큰 문제는 없었는데, 늦게까지 남아 야근하는 날이 많아지면서 피부도 거칠어졌습니다. 일 자체는 순조로웠지만 사생활 면에서의 만족도가 높지 않았습니다. F 씨는 '이건 전부 상사와의 관계 때문'이라고 생각했습니다. 건강이 나빠지고 피부가 거칠어지게 된 것도 모두 상사 탓이라고 여겼습니다. 결국엔 서로 데면데면해졌고, 해결할 방법을 몰라 막막했습니다.

진짜 문제는 무엇인가

F 씨의 문제는 상사의 말과 태도가 '핫 버튼'을 누르면서 각성계에 속하는 분노를 불러일으켰고, 그로 인한 부정적 감정의 연쇄 반응에서 빠져나오지 못했다는 점입니다.

해소하지 못한 감정은 스트레스로 남아 폭식을 유발하고 건강까지 위협하는 요소로 악화됐습니다. 그뿐만 아니라 사생활에서도 만족이나 행복을 잘 느끼지 못하는 상태가 됐습니다. 직장 내 인간관계가 사생활까지 영향을 미친 케이스입니다.

이 문제를 좀 더 심층적으로 분석해보면 F 씨가 예전에 근무하던 회사와 현재 회사의 차이가 문제의 원인 중 하나임을 알 수 있습니다. F 씨는 예전에 다니던 회사에서 리서치 업무에 관한 전문적 지식을 갖춘 프로 집단에 속했습니다. 그 당시의 상사는 당연히 리서치 업무를 속속들이 아는 사람이었습니다.

그런데 이직한 기업에서는 프로라기보다 일반적인 능력을 지닌 직원이 대부분이었습니다. 이 점이 크게 달랐습니다.

실제로 현재의 직장 상사는 경험이나 능력보다는 말주변이 좋아서 지금의 자리까지 올라온 게 아닌가 싶을 정도였습니다. 전문적인 지식도 없거니와 부하와 함께 업무를 수행할 능력조차 없는 사람이었습니다. 전문성이 필요한 직장에서 근무했던 F 씨로서는 그런 사람을 단지 싱사라는 이유만으로 존경할 수는 없었던 것입니다.

마음속에서 짖어대던 고정 관념 강아지

자신이 존경할 수 없는 상사의 명령에 따르는 일은 F 씨처럼 자존심이 강한 사람에게는 매우 큰 스트레스입니다. 새로운 지시 사항이 내려올 때마다 '핫 버튼'이 눌리지요.

F 씨의 내면 상태를 추측해보건대 아마도 상사를 대할 때마다 마음속 고정 관념 강아지 중 하나인 '정의견'이 소리 높여 짖어댔을 겁니다. '부하에게 더 바람직한 지도 방법을 보여주어야 한다', '상사로서 전문성을 더 갖추어야 마땅하다' 같은 '당위적 사고'가 F 씨의 머릿속에서 회오리치고 있었겠지요.

무엇이 공정하고 바른가를 늘 의식하면서 자신의 의견을 굽히지 않는 완고한 정의견의 경우, '무릇 상사란 이래야만 한다', '상사라면 그런 행동을 해서는 안 된다'라는 굳은 신념과 가치관이 기본 바탕에 깔려 있습니다. 그러한 가치관에 맞지 않는 사건이 일어나면 분노와 울분, 질투 같은 부정적 감정이 생겨나고 이것이 마음대로 되지 않아 짜증스러워지는 것입니다.

반대로 상사의 입장에서 생각해보면 '왜 이 친구는 늘 이렇게 짜증을 부리지?'라고 생각했을 겁니다. 그리고 F 씨가 자신을 상사로서 존중하지 않는다는 사실도 F 씨의 표정이나 태도를 통해 분명히 감지했을 겁니다.

일단은 눈감아주고 지나간다 하더라도 이런 상태가 지속되면 언젠가는 상사도 F 씨를 괘씸하게 생각하게 되어 두 사람 사이가 더욱 나빠질 수 있습니다. 그런 의미에서 보면 '불만이나 불평을 입에 담지 않는다'고 했던 F 씨의 선택은, 상사와의 관계를 더 이상은 악화시키지 않는다는 점에서 현명한 방법이었을지도 모르겠습니다.

하지만 이건 어디까지나 소극적인 반응일 뿐입니다. 상사가 '핫 버튼'을 누를 때마다 정의견은 계속 짖어대고 F 씨 내면에서는 점점 더 불만이 쌓여갈 것입니다. 상황은 아무것도 개선되지 않습니다. 분노나 불만을 해소하기 위해 충동적으로 폭식을 하게 됐고, 이는 결국 F 씨의 건강을 희생시켰습니다. 전혀 합리적인 대응 방법이 아닙니다.

감정회복습관이 있는 사람은 어떻게 대처하는가

그러면 어떻게 대처하는 것이 좋을까요? 먼저 '핫 버튼'을 눌러대는 상사와 마주하는 것이 F 씨가 극복해야 할 역경이라는 사실을 깨닫는 과정이 필요합니다. 그리고 이 역경을 극복하는 일이야말로 자기 자신을 한 단계 성장시키고 훌륭한 인재로 단련시켜줄 좋은 기회라는 사실을 인정하는 것이 중요합니다. 이 스트레스 가득한 관계를 변화시킴으로써 자신의 감정회복습관을 기를 수 있기 때문입니다.

F 씨가 바로 실행에 옮겨야 할 일은 부정적 감정의 연쇄반응 고리를 끊어버리는 것입니다. 내면의 핫 버튼이 눌려서 상사에게 짜증이 났을 때 먼저 호흡을 가다듬고 진정해야 합니다. 그럴 때 '마인드풀니스 호흡법(들숨과 날숨을 이용해 깨어 있는 마음을 유지하는 호흡법의 한 종류)'이 도움이 됩니다.

마인드풀니스 호흡법이란, 마음을 가다듬고 정신을 통일해 무아無我의 경지에 도달하는 정신 집중 수행법으로 스트레스를 줄이는 데 효과가 있습니다.

'마인드풀니스'로 호흡을 안정시킨다

마인드풀니스는 호흡을 안정시킴으로써 긴장을 완화시키는 테크닉입니다. 매우 간단한데, 보통 때보다 충분한 시간을 들여 숨을 천천히 반복해서 쉬면 됩니다. 대체로 1분 동안

4~6회 호흡하는 것이 기준입니다.

마인드풀니스 호흡법의 포인트는 평소에 별로 의식하지 않았던 들숨과 날숨의 흐름에 정신을 집중하는 것입니다. 그러면 머리끝까지 분노가 치밀었을 때 자신의 호흡이 얼마나 흐트러졌는지를 깨달을 수 있습니다. 틀림없이 들숨과 날숨의 흐름이 평소보다 조급하고 빠를 것입니다.

저는 이 호흡법을 공인 강사로부터 직접 배웠는데, 그때 재미있는 이야기를 들었습니다.

"우리 현대인들은 감정이 흐트러지는 일이 많은데 그때마다 마치 개처럼 빠르고 얕은 호흡을 합니다. 더군다나 코가 아닌 입으로 숨을 쉬지요. 원래 호흡은 코로 하는 것입니다. 그러면 자연스럽게 복식 호흡을 할 수 있게 되거든요."

그 강사는 '개 호흡'이 아니라 '거북이 호흡'을 하라고 강조했습니다.

"예로부터 동양에서는 거북이를 장수의 상징으로 여겼습니다. 거북이는 느리면서 길고 깊은 호흡을 합니다. 옛 선인들은 '모든 살아 있는 생물은 평생의 호흡수가 정해져 있다'고 믿었습니다. 빠르고 짧게 호흡하는 생물은 수명이 짧고, 느리고 길게 호흡하는 생물은 장수한다고 생각했지요."

개는 사람 수명의 7분의 1밖에는 살지 못합니다. 헉헉거리며 빠르고 짧게 호흡히는 개의 모습을 떠올리면 위와 같은 말을 어느 정도 수긍할 수 있습니다.

상사가 '핫 버튼'을 눌러서 내 감정이 흐트러졌을 때, 그래서 호흡이 가빠졌을 때, 그때야말로 마인드풀니스 호흡법이 필요합니다. 호흡을 일부러 안정시키는 일은 스트레스와 긴장을 완화시킬 뿐 아니라 자율 신경과 혈액 순환에도 도움을 줘 고혈압을 예방할 수 있습니다. 특히 흥분하기 쉬운 다혈질 'A 타입' 인간에게는 분명 효과가 있습니다.

'감사'하는 습관으로 감정회복근육을 강화한다

어느 정도 기분이 진정됐다면 이번에는 부정적인 감정의 실체를 파악할 차례입니다.

F 씨는 상사와 마주칠 때마다 '분노'라는 부정적 감정이 생겼습니다. 분노는 자신의 소유물이나 권리를 빼앗겼을 때, 또는 비도덕적인 행동을 접했을 때 생겨납니다. F 씨는 상사로부터 비합리적인 업무 지시를 받자 본인에게는 소중한 리서치 업무가 가볍게 취급당한다는 느낌이 들었습니다. 게다가 개선 방안을 건의해도 상사가 진지한 반응을 보이지 않고 바로 앞에서 한숨까지 쉬자 분노 감정의 스위치에 불이 들어온 것입니다.

그 내면에는 '정의견'이라는 존재가 있었습니다. '상사라면 이런 식으로 업무를 지시하고, 이런 식의 태도를 보이면 안 되는 거 아니야?' 하는 '당위성 사고'가 머릿속을 가득 채웠습니다.

이러한 분노, 짜증, 불만과 같은 부정적인 감정은 그날이 지나가기 전에 '기분 전환'을 통해 적절히 누그러뜨려야 합니다. 그렇지 않으면 폭식이나 면역력 저하 등으로 이어지기 쉽습니다. 원래대로라면 운동이나 요가처럼 효과가 좋은 기분 전환 습관으로 분노를 안전하게 처리해야만 합니다.

그러나 F 씨의 경우 '고질적인 불만'이라는 또 하나의 뿌리 깊은 스트레스가 있었습니다. 이런 경우에는 몸을 움직여서 기분을 전환해도 금방 또다시 같은 상태가 반복됩니다. 실제로 그녀의 일은 잘 진행되고 있었지만 여전히 뭔가 불만스러웠습니다. 사생활도 마찬가지였고, 이 모든 것의 원인이 존경하지 않는 상사에게 있다고 생각했지요.

'고질적인 불만'을 느끼는 습관이 생기면 매우 곤란해집니다. 자신이 받은 은혜는 무시하고 부족한 부분에만 집중하기 때문입니다. 실상은 충분히 행복한 환경에서 살고 있는데도 자신은 운이 없고 불행하다고 느끼게 됩니다.

객관적으로 보면 F 씨는 지금 다니고 있는 직장에서 운이 좋았다고 할 수 있습니다. 자신이 속한 부서에서 큰 상을 받아

'기대주'라는 평가도 받았습니다. 진문 분야에서 탁월한 성과를 올려 주위 사람들에게 좋은 인상을 남겼습니다.

그러나 본인은 상을 받아도 순수하게 기뻐하지 못했습니다. '내가 불만을 말하지 못하도록 일부러 나에게 상을 준 것이 아닐까?'라며 상사의 의도를 의심했습니다. 이것도 고질적인 불만의 하나겠지요. 칭찬을 받았으면 그냥 기뻐하면 되는데 마음 편하게 기뻐할 수가 없으니 말입니다. 이런 현상은 마음속이 항상 불만으로 가득 차 있어서 기쁨을 느끼는 것보다 불만을 느끼는 것이 더 익숙하기 때문에 나타납니다.

저는 F 씨와 함께 일한 경험이 없지만 그녀의 업무 능력이 매우 탁월할 거라는 느낌을 받았습니다. 대단한 노력파인 데다 힘든 일도 마다치 않고 맡은 임무를 끝까지 책임감 있게 해내는 '인내심'을 갖춘 인재로 보였습니다. 게다가 전문성을 한층 발전시키려는 태도에서는 '향학심'이, 옳다고 생각하는 바를 관철하려고 노력하는 모습에서는 '성실성'이 엿보였습니다.

현재의 직장은 이러한 F 씨의 강점을 살릴 수 있는 곳입니다. 그렇기 때문에 능력을 인정받을 수 있는 업무를 달성했고 공로상까지 받은 것입니다. 이직은 옳은 선택이었다고 생각합니다. 더 기뻐했어야 마땅합니다.

그럼에도 불구하고 계속 불만을 느낀다는 것은 F 씨가 자신이 얼마나 좋은 환경에 있는지를 실감하지 못한다는 증거입니다. 다시 말해 감사하는 마음을 갖는 습관이 결여된 것이지요. 이는 타인에 대한 감사가 부족할 뿐 아니라 자신에게도 감사하지 못한다는 사실을 의미합니다.

"고맙습니다"라고 말하는 것만으로도 행복을 느낀다

감사하는 감정이 주는 효과에 대해 많은 연구 결과가 있습니다. 특히 해외에서는 'Gratitude is a great attitude!(감사하는 것은 멋진 태도!)'라며 자녀가 감사하는 사람이 될 수 있도록 교육합니다.

감사하는 마음에 관한 연구의 일인자인 캘리포니아 주립대학교의 로버트 에몬스Robert Emmons 박사는 감사의 여러 가지 효과를 실제로 증명했습니다. 예를 들어 감사하는 감정이 풍부한 사람은 행복도가 높습니다. 확실히 모든 일에 감사하는 사람은 불행해 보이지 않습니다. 한편 감사하는 마음을 잊어버리고 자기 자신만 생각하는 사람은 불행해 보이게 마련입니다.

또한 '고마운 일이야' 하고 느끼는 것이 스트레스 완충 효과를 높인다는 사실도 밝혀진 바 있습니다. 감사하는 마음은 외부의 중압감이나 부정적인 비판으로부터 우리 자신을 지켜줍니다. 만화『원피스』를 좋아하는 제 아들에게 저는 "감사하는 마음은 마치 만화에 나오는 투명한 갑옷의 신비한 능력처럼 스트레스를 막아준다"라고 설명해줍니다. 항상 감사하는 마음을 지니고 사는 사람은 그만큼 강하다는 뜻입니다.

감사하는 습관을 지니자

그 밖에도 감사하며 생긴 긍정적인 감정은 혈압을 안정시키고 면역 체계를 개선해 두통이나 감기를 예방하는 건강상의 효과가 있습니다. 나아가 도덕적인 행동을 촉진해 직장이나 가정에서의 관계가 좋아지는 효과도 있습니다.

감사에 관한 연구 결과 중 흥미로운 사실은 상대방에게 마음이 전해지지 않아도 긍정적인 감정이 생겨나 다양한 효과를 누릴 수 있다는 것입니다. 감사하는 마음의 긍정적인 효과는 타인이 아니라 자기 자신에게 가장 먼저 돌아오는 셈입니다.

이는 '다른 사람이 친절한 행동을 보였을 때는 반드시 감사해야 한다'와 같은 도덕적인 사고와는 조금 다릅니다. 감사하는 습관은 기본적인 매너를 넘어 자기 자신의 행복으로 연결됩니다. 감사하는 데에는 경제적 비용이 전혀 들지 않습니다. 많은 시간이나 노력이 필요한 일도 아니지요. 사고방식을 조금만 바꾸면 큰 효과를 누릴 수 있습니다.

감사라는 감정의 스위치를 켤 기회는 직장에서도 얼마든지 있습니다. 예를 들어 회사 빌딩의 엘리베이터 문이 닫히기 전에 버튼을 누르고 기다려준 사람에게 "고맙습니다"라고 말하거나 사무실 청소를 해주시는 분들께 감사하는 마음을 느낄 수도 있습니다. 업무에 차질이 없도록 약속한 납기일을 지켜준 하청업자에게 고맙다고 인사할 수 있고, 상품이나 서비스를 구입해준 고객에게 감사하는 마음을 지니거나 같은 팀원들과 사이좋게 지내며 일할 수 있는 환경을 감사하게 생각할 수 있습니다.

이러한 일들은 언뜻 사소하게 보일 수도 있지만 작은 일에도 감사를 느끼는 마음이 쌓이면 긍정적인 감정이 마음속 어딘가에 오랫동안 머무르게 됩니다. 그 감정은 스트레스를 받을 때 완충 작용을 하는데, 감정회복습관은 이런 방식으로 길러집니다.

감사하는 마음을 키우는 두 가지 습관

저는 감정회복습관을 트레이닝 중인 수강생들에게 감정을 회복하는 능력을 단련할 수 있도록 두 가지 습관을 권장하고 있습니다.

첫 번째 습관은 '좋았던 일 세 가지 떠올리기'입니다.

오늘 하루 있었던 일 중에 좋은 방향으로 해결됐거나 재수가 좋았거나, 혹은 어떤 경위로든지 고마움을 느낀 일 등을 세 가지 이상 떠올리는 것입니다. 커다란 성공이든 아주 작은 행운이든 상관없이 좋았던 일을 떠올리기만 하면 됩니다.

제가 좋아하는 작가인 무라카미 하루키는 자신의 에세이에서 '쇼칵코小確幸'라는 어휘를 만들어 소개하고 있습니다. 여름에 적절한 온도로 식힌 차가운 맥주를 한 모금 마셨을 때, 오랫동안 갖고 싶었던 중고 음반을 드디어 발견했을 때, 집 나간 옆집 고양이가 아무 일 없이 무사히 집으로 돌아왔을 때, 사람들은 이러한 순간에 '작지만 확실한 행복'을 느낀다는 것입니다. 작지만 확실한 행복을 발견하는 일은 인생의 만족감을 높여주는 가장 좋은 방법입니다.

저는 여기서 얻은 아이디어로 명함 정도 크기의 '작지만 확실한 행복 카드'를 만들었습니다. 이 카드를 감정회복습관 트레이닝 과정 수강생들에게 나누어주고 수업 시간에 사용하도록 했지요. 그 카드에 '세 가지 좋은 일'을 적어서 명함집에 넣어두면 평소 카드를 보면서 감사하는 마음을 떠올릴 수 있습니다. 이러한 습관은 왜 우리가 행복한지, 그 이유를 깨닫게 해줍니다.

두 번째 습관은 '감사 일기 쓰기'입니다. 잠자리에 들기 전 그날 고마운 마음을 느꼈던 일, 다른 사람에게 받은 친절, 어려운 상황에서 나를 도와준 사람 등 어떤 일이라도 좋으니 감사했던 경험을 일기 형식으로 적어봅니다. 왜 이렇게 감사한 일이 있었는지, 어떤 사람 덕분에 그럴 수 있었는지도 가능한 자세하게 적다 보면 감사의 마음이 더욱 깊어져서 금방 효과가 나타납니다.

이렇게 감사 일기를 매일 쓰는 습관을 들이면 긍정적인 감정이 증폭될 뿐 아니라 행복한 느낌과 기쁨이 커져서 불안한 마음이나 수면 장애와 같은 우울증의 징후도 감소하는 효과가 있습니다.

취침 전의 작은 습관

제가 F 씨에게 특히 권하고 싶은 방법은 취침 전에 자신만을 위한 작은 습관을 들이는 겁니다. F 씨는 외모를 가꿀 시간적 여유가 없는 것에 불만을 느끼고 있으므로 먼저 피부를 가꾸기 위한 시간을 확보하는 게 좋습니다. 그 후에 5분 정도 시간을 투자해서 감사 일기를 쓰고 잠자리에 드는 습관을 들이는 겁니다.

아침에 하는 화장이 프로 직장인으로서 자신을 꾸미는 작업이었다면, 저녁에 잠들기 전에 하는 피부 손질은 순수한 자기 자신과 마주하는, 일종의 회귀 의식입니다.

그 시간에 오늘 자기 자신이 얼마나 행복했는지를 떠올린다면 솔직한 마음으로 감사하게 될 것입니다. 자신감도 찾고 피부도 고와질 수 있으니 일석이조입니다.

저는 여성이 꼼꼼하게 자신을 가꾸는 것은 매우 중요한 일이라고 생각합니다. 자기 자신에게 애정을 품지 않으면 주어진 환경에 감사하는 마음을 가질 수 없습니다.

취침 전 피부 손질을 하고 감사 일기를 쓴 뒤 잠자리에 드는 작은 습관이 감사라는 긍정적 감정을 불러일으키고 감정회복습관의 근육을 단련시킵니다. 그러면 자연스레 스트레스에 대한 완충력이 강화되어 '고질적인 불만'이라는 감정도 몰아낼 수 있겠지요. 물론 부정적인 감정의 연쇄 반응 고리도 끊어낼 수 있고요.

상사와의 인간관계 때문에 고민이 많은 분, 상사가 자신의 '핫 버튼'을 눌러서 분노와 짜증에 시달리는 분들은 기분 전환 습관과 함께 감사하는 습관을 들이면 더욱 효과적으로 문제를 해결해나갈 수 있습니다.

'감정형 뱀파이어'를 조심하라

지금까지 상사가 '핫 버튼'을 눌러서 분노와 불만이 생기게 되는, 직장 내 수직적 인간관계 때문에 생기는 스트레스에 대해 말씀드렸습니다. 또 하나의 대인 관계 트러블은 이와 완전히 반대라고 할 수 있는데, 상사와 함께 일하는 것만으로도 어쩐지 기력이나 활력이 사라져버리는 경우입니다. 특정 상사를 마주치면 내면의 '쿨 버튼'이 눌리게 되는 것입니다. 여기서 여러분의 직장 내 대인 관계, 또는 가족이나 친구들, 파트너와의 사적인 관계 등을 잠시 돌아보면서 다음 조건에 해당하는 사람이 있는지 체크해보시기 바랍니다.

- 그 사람을 만나면 어쩐지 기가 빨리는 느낌이 든다.
- 어쩐지 나를 호의적으로 받아들이지 않는다는 생각이 든다.
- 항상 대등한 관계가 아니라 위에서 나를 평가한다는 느낌이다.
- 그 사람을 만나면 왠지 모르게 갑자기 피곤해진다.
- 그 사람 옆에 있으면 내가 보잘것없는 존재처럼 느껴진다.
- 이야기를 나눌수록 상대방은 점점 활기를 보이는데, 나는 반대로 점점 기력이 없어진다.
- 그 사람의 격려나 위로를 들어도 전혀 힘이 나지 않는다

이 질문에 대해 모두 '그렇다'는 대답이 나왔다면 상대방은 '감정형 뱀파이어'일 가능성이 높습니다. 그 사람과 함께하는 것만으로도 심리적으로 피폐해지고 정신적 소모가 커질 위험이 있습니다.

감정형 뱀파이어란 미국의 임상심리학자 앨버트 번스타인 Albert J. Bernstein이 붙인 이름으로, 대인 관계에서 트러블을 일으키는 사람의 유형 중 하나입니다. 특히 그들은 자신을 사랑하는 나르시시즘적인 성격이 강해서 자존심을 공격받았을 때 강력한 자기 방어 기제를 발휘합니다. 그 방어 기제가 때로는 다른 사람에게 죄책감이나 열등감을 심어주기도 하지요.

이런 사람과는 같이 있는 것만으로도 지칠 수밖에 없습니다. 마치 흡혈귀처럼 상대방의 의욕과 기력을 빨아들이고 소진시키기 때문에 '감정형 뱀파이어'라고 불리는 것이지요. 이들은 머지 않아 '자기애착형 인격장애'로 발전할 가능성이 높습니다.

부정적 감정을 일으키는 고정 관념

외국인 상사와 함께 일하는 여성인 G 씨로부터 다음과 같은 이야기를 들었습니다.

"지금 하는 일은 적성에도 잘 맞는 것 같고 일 하나만 보자면 매우 만족스러워요." G 씨는 이렇게 이야기를 꺼냈습니다. 그러나 표정에는 약간 어두운 그림자가 드리워져 있었습니다. 그래서 제가 "무슨 고민이라도 있으신가요?" 하고 묻자 머뭇거리며 솔직한 이야기를 들려주었습니다. 그녀는 직장 상사와의 관계 때문에 고민하고 있었습니다.

그 상사는 매우 일을 잘하는 능력 있는 사람이라고 했습니다. 학력도 높고 회사에서도 신임을 받아 중요한 직책을 맡고 있었습니다. 키도 크고 옷도 깔끔하게 입는 멋쟁이라서 이성에게도 인기가 높은 편이라고 했습니다. 게다가 부하들을 잘 챙기고 자주 이야기를 걸어주는 사려 깊은 사람이었습니다.

그 정도면 아주 좋은 상사를 만났다는 생각에 저는 "그런데 뭐가 고민이신 거죠?" 하고 물었습니다. 그러자 "그 사람이

랑 함께 있으면 어쩐지 자꾸만 자신감이 없어져요"라며 의외
의 대답이 돌아왔습니다.

그는 회사 내 지위를 이용해 부하들을 괴롭히거나 성희롱
을 일삼는 상사가 아니었습니다. 그래서 주위 사람들은 그녀
에게 상사를 잘 만난 것도 '복'이라면서 부러워했습니다. 하지
만 그녀는 이상하게도 그 상사를 만날 때마다 점점 자신감을
잃어갔습니다. "저한테 무슨 문제가 있는 걸까요?" G 씨는 그
런 자신의 모습을 걱정하고 있었습니다.

저는 그 상사의 태도나 말투에 대해서 자세하게 물어보았
습니다. 일하고 있을 때 어떤 식으로 업무를 지시하는지, 주도
권은 어느 쪽에 있는지, 최종 결정권은 누가 가졌는지, 실수를
하거나 일이 잘못됐을 때 어떤 대응을 보이는지, 자신이 세운
공을 그 상사는 어떻게 느끼고 있는지, 또 어떠한 가정 환경에
서 자란 사람인지 등등.

그러는 동안에 조금씩 그 상사가 '자기애'적인 경향을 지
닌 사람임을 알게 됐습니다. '자기애'란 보통 '나르시시즘'이
라고 불리며 자존감이나 자기긍정감이 지나치게 강한 사람에
게서 나타나는 증상입니다. 나르시시스트는 자신을 정당화하
는 데 매우 탁월한 재능이 있습니다. 따라서 객관적으로 보면
불합리한 일이라 해도 마치 최면술처럼 상대방의 마음속을

어지럽혀서 '나는 옳고 당신은 틀렸다' 같은 의식을 주입하는 경우가 있습니다.

'자기애'는 가정 환경과도 밀접한 관련이 있습니다. 유복한 가정에서 아무 부족함 없이 과보호를 받으면서 자란 자녀가 성인이 됐을 때, 과대평가된 자기 자신의 정체성을 지키기 위해 자기에게 좋지 않은 평가가 내려질 것 같은 상황이 되면 과도한 방어 기제를 작동시키는 것입니다. 특히 업무상의 어려움을 겪거나 스트레스가 높은 상황에 놓이게 되면 평소에 신사적이던 사람이 갑자기 나르시시스트로 변모하기도 합니다. G 씨의 상사는 '감정형 뱀파이어'일 가능성이 높았습니다.

당신 주위에도 감정형 뱀파이어가 있을 수 있다

저의 생각을 말하자 G 씨는 그제야 납득했다는 듯이 표정이 밝아졌습니다. G 씨의 상사는 겉으로는 훌륭한 관리자의 얼굴을 하고 있었지만, 사실은 말과 감정을 교묘하게 조절하면서 부하에게 열등감을 심어주고 상대방이 모르는 사이에 그 사람의 활력을 빨아들이는 데에 뛰어난 능력을 지닌 감정형 뱀파이어였습니다. 그 상사는 처음부터 감정형 뱀파이어였을 수도 있고 아닐 수도 있습니다. 업무에 따른 스트레스와 책임감,

중압감이 그 상사를 뱀파이어로 만들었을 가능성도 있습니다. 이처럼 어느 날 갑자기 상사가 뱀파이어로 변신하는 경우는 다음과 같은 사례가 대표적입니다.

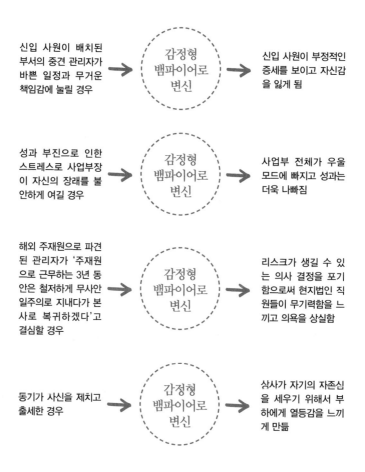

평소 성실하고 성격이 좋았던 사람도 심한 스트레스 때문에 뱀파이어로 변모하는 경우가 있습니다. 그러면 자기 입장을 관철하기 위해 부하 직원이나 동료로부터 에너지를 빨아들이기 때문에 조직은 활성화되지 못합니다.

소모계 감정의 스위치를 켠다

감정형 뱀파이어는 자존심을 지키기 위해 자신을 정당화하고, '나는 옳고 당신은 틀렸다'는 생각을 상대방에게 주입하는 능력이 매우 탁월합니다. 상사가 감정형 뱀파이어인 경우엔 상사와 함께 있을 때마다 '쿨 버튼'이 눌려서 기력을 잃고 자신이 보잘것없는 존재처럼 여겨집니다. 자존심에 상처를 입고 자기 자신을 더 낮게 평가하게 되기 때문입니다.

'쿨 버튼'이 눌리면 자신의 내면에 그동안 조용히 숨어 있던 고정 관념 강아지가 눈을 뜨고 소란을 피우기 시작합니다. 그러면 소모계의 부정적 감정이 생겨나고 의욕과 활력이 감소하는 결과를 낳게 됩니다. 상사에게 기력을 빼앗기는 데 그치지 않고 자신의 내면에 생겨난 부정적인 감정에 영향을 받아 에너지가 저하되는 것입니다.

이렇게 기운이 없어지고 열등의식에 시달리는 부하의 모습을 보면서 그 상사는 우월감을 느낍니다. 하지만 그렇다고 해서 그 상사가 특별히 악의를 가지고 행동하는 것은 아닙니다. 감정형 뱀파이어는 무의식적으로 행동하는 경우가 많습니다. 그래서 더욱 태도를 고치기가 어렵습니다. 그 상사 아래에서 일하는 부하는 뱀파이어의 희생양이 되어 결국 다른 부서로 이동하거나 회사를 그만두게 되겠지요.

● 소모계의 부정적 감정을 일으키는 '고정 관념 강아지'

고정 관념 강아지	사고방식의 유형	입버릇처럼 말하는 내용	부정적 감정
패배견	자기 비하형 사고	"나는 아무 쓸모가 없다." "한심한 인간이다." "이런 것도 못한다."	비애 우울함
포기견	무기력형 사고	"내 능력에는 무리다." "그건 아무래도 힘들겠지." "분명히 잘될 리가 없어."	우울함 무력함
걱정견	불안형 사고	"나는 분명히 실패할 거야." "앞으로 상황이 더 안 좋아질 거야." "앞으로 좀 나아질 수 있을까."	불안 공포
사과견	자책형 사고	"실패한 건 모두 내 책임이야." "다른 사람에게 폐를 끼쳤어." "이래서는 사회인으로서 실격이야."	죄책감 수치심

희생하고 양보하는 습관이
오히려 감정을 해친다

이런 문제는 상사와 부하 사이에서만 일어나는 게 아닙니다. 자신의 연인이 감정형 뱀파이어일 수도 있습니다. 감정형 뱀파이어와 사귄다는 것은 괴로운 일입니다. 서로를 행복하게 하는 관계가 아닌 힘들고 괴로운 관계가 되어버리기 때문입니다.

대기업에서 일하는 H 씨에게는 입사 초기부터 교제해온 동기 남자친구가 있었습니다. 그런데 어떤 사건으로 남자친구와의 관계가 나빠져 결국 헤어지게 됐습니다. 그 사건이란 H 씨가 남자친구보다 회사에서 좋은 평가를 받은 것입니다.

H 씨는 사려 깊고 인내심이 강한 사람이었습니다. 그 장점을 잘 살려서 학생 시절에도 요령을 부리는 일 없이 성실한 자세로 열심히 공부했습니다. 실제로 그녀는 항상 최고의 성적을 유지하는 우등생이었습니다.

구직 활동을 할 때도 계획적으로 꼼꼼하게 준비해서 가장 가고 싶었던 회사에 멋지게 합격했습니다. 그 후에도 회의나

프레젠테이션, 사내 승진 시험 등 능력을 발휘해야 하는 순간마다 미리 착실하게 준비해서 순조롭게 승진 코스를 밟아왔습니다.

하지만 모두가 H 씨에게 우호적이었던 것은 아니었습니다. H 씨는 누군가 자신을 칭찬할 때마다 겸손하게 대답했기 때문에 어떤 이들은 그녀가 엄청난 노력파이면서도 그 사실을 숨기기만 한다고 비판했습니다. 사람들의 비위를 맞추는 데만 공을 들이는 사람이라고 오해했습니다. 그녀의 노력과 성과를 있는 그대로 인정하는 사람은 별로 없었습니다.

H 씨의 이러한 처세는 백조에 비유할 수 있습니다. 백조는 우아한 자세로 미끄러지듯이 수면 위를 이동하지만, 사실 수면 아래에서는 필사적으로 두 다리를 움직이고 있습니다. 그렇게 열심히 움직이는 모습은 밖에서는 보이지 않습니다. 사람들은 백조의 우아한 모습만 기억할 뿐이지요.

만약 그녀가 다른 사람보다 두 배 이상 노력하는 모습을 보여주었더라면 어땠을까요. H 씨의 남자친구는 그녀의 진짜 모습을 알고 이해해주는 소중한 사람이었습니다. 하지만 그는 아무런 문제없이 순조롭게 승승장구하는 여자친구를 자랑스럽게 느끼면서도, 끊임없이 초라한 자신의 모습과 비교했습니다.

동기이면서도 자신보다 빨리 커리어를 쌓아가는 H 씨를

보면서 남자친구는 '선망'이라는 부정적인 감정을 느꼈습니다. 선망이란 질투로 이어지는 불편한 감정으로, 자신에게는 없고 다른 사람에게만 있는 어떤 것에 대해 욕망과 절망을 느꼈을 때 생기는 감정입니다. 타인과 비교하는 버릇이 있는 사람에 게 나타나며 열등감이나 자기비판 등의 부정적인 행동으로 이 어지게 됩니다.

H 씨의 남자친구 역시 교제 초기에는 대등한 입장이었던 H 씨가 점점 성장해나가는 모습을 보면서 자신의 처지와 비 교하기 시작했고, 자신에게는 없는 H 씨의 '능력'과 '행운'을 시샘하게 됐던 것이지요. 사실은 타고난 능력이나 운이 아닌 노력의 결과였는데, 그걸 알면서도 남자친구의 마음속에서는 H 씨를 질투하는 마음이 사라지지 않았던 것입니다.

자신의 자존심을 지키기 위해서 그 남자친구가 취한 행동 은 H 씨에게 결별을 고하고 같은 회사 내에서 H 씨와 잘 알 고 지내던 다른 여직원과 사귀는 것이었습니다. 이는 H 씨에 게 매우 충격적인 사건이었습니다. 그녀는 충격 때문에 한동 안 기력을 상실했고 연애에 대한 자신감도 잃어버리고 말았습 니다. H 씨에 대한 열등감이 그녀의 남자친구를 감정형 뱀파 이어로 변모시키고 그녀로부터 활력을 앗아가버리는 충동적 인 행동을 유발했다고 할 수 있습니다.

활력을 빼앗기기 쉬운 유형

감정형 뱀파이어의 주술에 걸려들어 기력을 빼앗기기 쉬운 유형은 H 씨처럼 '자기 자신보다는 다른 사람을 먼저 생각하는 성실하고 착한 성격의 소유자'입니다. 원래 다른 사람을 먼저 생각하는 착한 사람은 왠지 손해를 봅니다. 인생이 불공평하다고 못마땅하게 생각할 수도 있습니다.

그러나 그 원인은 활력을 잃어버리는 본인에게 있습니다. 본인이 먼저 자신을 희생해가면서 상대방을 위해 헌신했기 때문입니다. 이런 태도는 결코 본인을 행복하게 만들 수 없습니다.

미국의 펜실베이니아 대학교의 아담 그랜트Adam Grant 박사는 저서 『기브 앤 테이크』에서 사람들 중에는 주는 일에 관심이 많은 '기버Giver'와 받는 일에 관심이 많은 '테이커Taker'의 두 가지 유형이 있다고 했습니다.

예를 들어 뱀파이어로 변모한 남자친구의 행동은 자기중심적인 '테이커'에 해당합니다. 그리고 H 씨는 '기버'에 해당됩니다. 두 사람 사이에 '기브 앤 테이크'의 관계가 성립된 것이지요.

그러나 기버는 한 가지 종류만 존재하는 게 아닙니다. 흥미롭게도 그랜트 박사는 기버가 두 가지 종류로 나뉜다고 주장합니다. 바로 '자기희생적인 기버'와 '타자지향적인 기버'입니다.

자기희생적인 기버는 다른 사람에게 도움을 주고 싶다는 욕망이 강하고 자기 몫의 이익을 희생해가면서까지 다른 사람에게 헌신하려고 합니다. 자기 자신이 무엇을 원하는지를 돌아보지 않고 시간과 에너지를 써버립니다. 그러다 피곤함에 지쳐서 탈진해버립니다.

반대로 타자지향적인 기버는 다른 사람을 도와주기 위해 자신을 희생하는 일이 없습니다. 다른 사람의 이익과 자신의 이익에 공평하게 관심을 두기 때문입니다. 그들은 서로 윈윈하는 관계를 위해 노력하고 바로 그 보답이 돌아오지 않더라도 개의치 않습니다. 장기적으로 이익이 되면 그걸로 충분하다고 보는 타입입니다.

자기희생적인 기버는 경제적으로 성공하지 못하는 경우가 많다는 사실도 알려져 있습니다. 남에게 너무 많이 줘버리기 때문입니다. 한편 테이커는 경제적으로 성공하는 경우가 많습니다. 자신의 이익을 중요하게 생각하는 유형이니 당연할지도 모르겠습니다.

그러나 타자지향적인 기버가 테이커보다 더 성공하는 때도 있습니다. 이 부분이 그랜트 박사의 연구가 흥미로운 이유입니다. 단기적으로 그 보상이 돌아오지 않아도 장기적으로는 특별한 보상이 돌아오는 경우가 있기 때문입니다. 저는 자기

희생적인 기버의 유형에 속하는 사람들이 감정형 뱀파이어에 대한 내성이 특히 약한 것은 아닐지 추측하고 있습니다. 물론 그 해결책으로는 기버로서 보유한 가치관이나 행동은 유지하면서도 자기희생적인 측면을 개선하는 것이 좋겠지요.

감정회복근육 단련하기

감정형 뱀파이어는 만만한 상대가 아닙니다. 교묘한 말솜씨로 능수능란하게 사람을 들었다 놨다 하면서 다른 사람의 감정을 좌지우지합니다. 그 능력을 인정받아 리더의 지위까지 오른 사람도 적지 않습니다. 이들은 함께 일하는 사람이 정신적으로 지쳐서 나가떨어지므로 가능하면 이런 상사와는 업무로 얽히지 않는 것이 좋습니다.

그러나 그 사람과 업무상 관계를 맺을 수밖에 없을 때도 있습니다. 그럴 경우에는 상대방이 '쿨 버튼'을 함부로 누르지 못하도록 신중하게 행동하고, 만약 뱀파이어 상사가 쿨 버튼을 눌러서 '패배견'이나 '사죄견'이 시끄럽게 짖어댄다고 해도 이에 맞설 수 있는 감정회복근육을 단련해두어야 합니다.

만약 여러분에게 '자기희생적인 기버' 경향이 있다면 누군가를 위해서 자신을 희생하는 습관은 오늘 이 순간부터 버리고 자신을 소중하게 여기면서 상대방도 배려하는 '타자지향적인 기버'로 다시 태어날 것을 권장합니다. 이를 위해서 우리가

할 수 있는 효과적인 방법은 긍정적인 감정을 풍요롭게 만드는 것입니다.

뱀파이어의 약점은 햇빛입니다. 뱀파이어는 햇빛을 받으면 불타버립니다. 그 햇빛의 찬란함에 해당하는 것이 저는 감사하는 감정이라고 믿습니다.

'좋은 일 세 가지 떠올리기', '감사 일기 쓰기'처럼 감사의 감정을 풍요롭게 만드는 습관을 들이면 긍정적인 감정이 당신을 지켜주는 방어막으로 작동합니다. 긍정적인 감정은 스트레스나 역경에 대한 완충력을 높여줍니다.

'감정회복습관' 강화가 자신을 지키는 가장 좋은 방법

가장 먼저 감사를 느끼는 대상은 '자신'과 '자신을 둘러싼 환경'입니다. 자신이 건강하다는 사실, 직업이 있다는 사실, 큰 부족함 없이 생활할 수 있다는 사실 등 평소 당연하다고 생각했던 여러 가지 일을 떠올리면서 다시 한 번 '감사하나'는 감정을 느껴보는 것만으로도 긍정적인 감정은 두 배, 세 배로 커집니다. 감사하는 마음은 자신을 도와주는 사람, 또는 예전에 자신을 도와주었던 사람에게로 향하는 마음입니다. 그 사람은 내 가족이나 형제일 수도 있고 친구나 회사 상사, 동료, 병을 치료해준 의사나 간호사일 수도 있습니다. 감사의 마음을 확인하는 것만으로도 자신이 얼마나 행복한 사람인지 깨달을 수 있습니다. 그 행위를 통해 자신을 지지해주는 서포터가 얼마나 많았는지를 느끼면 감정회복근육이 단련됩니다.

감정회복근육을 단련하는 것이야말로 감정형 뱀파이어로부터 자기 자신을 지키는 무기입니다. 상사와의 관계 때문에 고민하는 직장인은 매우 많습니다. 상사가 '핫 버튼'을 눌러서 울컥 짜증이 올라올 때도 있고, '쿨 버튼'을 눌러서 우울해지기도 합니다. 그러나 그 역경을 극복한 사람만이 더 의연하고 강인하게 대처하는 방법을 터득합니다. 잘 맞지 않는 상사와의 인간관계는 감정회복근육을 강화하는 기회가 될 수도 있습니다. 얄미운 상사를 만나러 갈 때마다 '오늘도 감정회복습관을 강화하러 가는 거야' 하는 마음가짐을 가지십시오. 각오를 단단히 하고 마음껏 감정회복근육을 단련하기 바랍니다. 그 수행 과정이 끝나면 이제 얄미운 상사는 당신의 인생에서 사라지게 될 것입니다.

배려하는 습관

우리가 사는 세상과는 다른 어떤 세상이 있었다. 그 세상에서는 식사 시간이 되면 맛있는 요리가 보글보글 끓고 있는 커다란 냄비 주위로 사람들이 모여들었다. 그런데 그 세상에는 한 가지 규칙이 있었다. 바로 긴 젓가락을 사용해서만 음식을 먹을 수 있다는 것이었다.

사람들은 긴 젓가락으로 냄비 안에 있는 맛있는 음식을 건져 먹으려 노력했다. 하지만 젓가락의 길이가 너무 길어서 아무리 애를 써도 음식을 입안에 넣을 수가 없었다. 결국 사람들은 어느 한 명도 음식을 먹지 못하고 주린 배를 움켜쥔 채 점점 말라갔다. 게다가 다른 사람이 건져 올리는 음식을 빼앗으려고 싸우는 사람들 때문에 분위기는 점점 더 험악해졌다.

그런데 또 다른 어떤 세상에서는 사람들이 똑같이 긴 젓가락을 들고서 행복한 표정으로 음식을 먹었다. 그 세상의 사람들은 긴 젓가락으로 음식을 건져 올린 뒤 그 음식을 다른 사람에게 먹여주었다. 그렇게 서로를 도와가면서 식사를 즐겼다.

두 세상을 지키는 염라대왕은 이렇게 말했다. "자기 생각만 하는 이기적인 사람들은 서로 싸우기만 할 뿐 아무것도 먹지 못하니 이는 지옥이나 매한가지다. 그러나 타인을 위하는 마음으로 서로 돕는 사람들은 배를 곯을 일도 없고 사이좋게 지낼 수 있으니 이 세상이 천국처럼 느껴질 것이다."

누구든지 힘들고 어려운 역경에 처했을 때는 타인의 배려를 간절히 바라게 됩니다. 하지만 직원들 사이의 유대감이 희박한 직장에서는 사회적 지원을 기대하기 어렵습니다.

우리는 직장에서 여러 가지 역경에 직면합니다. 장시간 노동을 해야 하는 직장도 있고 차가운 말과 행동으로 상처를 주는 직장도 있습니다. 사내에서 일어나는 여러 가지 차별이나 무시, 집단 따돌림에 상처받기도 합니다.

윗사람이 사내 정치에만 정신이 팔려서 조직이 부패하거나 부당한 정리 해고를 잇달아 실시하는 등 도덕적 해이가 심한 직장도 있습니다. 직장 내 지위를 이용한 성희롱이나 성추행이 횡행하고 있을지도 모릅니다. 특히 청년 사원들에게 비합리적 노동을 강요하는 '블랙기업' 같은 곳이라면 상황은 더욱 심각하겠지요.

남을 배려할 줄 아는 직장이라면 누군가 그러한 고민을 눈치챌지도 모릅니다. 하지만 배려하는 마음이 없고 친밀감도 없는 직장이라면 역경을 극복하는 데 필요한 '사회직 지원'을 기대할 수 없습니다.

배려심이란 원래 불교 사상의 하나인 '자애'에 바탕을 두고 있습니다. 자애란 '타인이 고난과 그 근본적인 원인으로부터 자유로워지기를 바라는 마음'을 의미합니다. 서로를 배려하는 마음이 있는 조직에서는 구성원들의 어려움을 그냥 지나치지 않고 서로 도와주는 관계가 구축되어 있습니다.

배려는 결국 나를 위한 것

그렇다면 배려심 있는 사람으로 변하기 위해서는 어떤 구체적인 행동을 해야 할까요? 심리학자들의 연구에 따르면 이 행동에는 세 가지 단계가 있다고 합니다.

첫 번째 단계는 '알아차리기'입니다. 상대방의 고통이나 어려움, 불안이나 고민 등을 알아차리고 부정적인 감정이 생겼다는 사실을 그 사람의 표정이나 태도 변화에서 감지하는 것입니다. 타인에게 이 정도도 신경 쓰지 않는다면 배려심 있는 사람이 될 수 없습니다.

언어적 메시지뿐 아니라 비언어적 메시지에도 주의를 기울일 필요가 있습니다. 여느 때보다 표정이 어두워 보인다, 목소리 톤이 가라앉아 있고 힘이 없어 보인다, 눈빛이 흐리멍덩

하고 좀처럼 눈을 마주치려 하지 않는다, 긴장으로 어깨에 잔뜩 힘이 들어가 있다, 등 도움이 필요한 사람이 행동이나 눈빛으로 보내는 비언어적 메시지는 많습니다.

두 번째 단계는 '공감하기'입니다. 상대방의 심리적 고통이나 감정의 동요를 함께 느끼고 그 아픔을 공유하는 단계입니다. 이는 더 나은 위치에서 사람을 내려다보는 '동정'과는 전혀 다릅니다. 동정심으로 상대방을 대하면 순수하게 도와주려는 마음이 있어도 상대방은 '이 사람이 나를 불쌍하게 여기고 있구나' 하는 생각에 자존심이 상할 수 있습니다. 배려심을 발휘하고자 하는 사람은 상대방과 눈높이를 맞추고 공감하는 자세를 기본으로 갖추어야 합니다.

세 번째 단계는 '대응하기'입니다. 이는 상대방의 심리적 고통을 완화하는 행위를 의미합니다. 자애심이 깊은 사람은 상대방이 마음의 문을 열 준비가 될 때까지 묵묵히 기다립니다. 상대방의 고민을 함께 느끼고 신뢰와 안전의 공감대를 형성하며 이야기에 귀를 기울입니다. 먼저 상호 간의 심리적 공감 관계인 '라포르rapport'를 쌓는 것입니다.

이 세 단계 과정은 우리를 배려심 있는 사람으로 만들어줍니다. 물론 직원들 사이에 유대 관계가 없는 조직에서는 이런 과정을 찾아볼 수 없습니다.

좋은 직장이란

저는 지금까지 '사원들의 행복도가 높은 직장'이라든가 '일할 맛이 나는 회사'로 소문난 기업에 방문해 인사 담당자들과 현장에서 뛰는 중간 관리자, 경영자들을 취재하면서 '좋은 직장'이란 어떤 직장인가에 대해 연구했습니다.

제가 방문했던 회사들은 직원들의 행복도나 만족도가 높을 뿐 아니라, 어려운 상황에 부닥쳤을 때도 빠른 시일 내에 다시 일어서고 새로운 도전을 즐기는 기업이었습니다.

또한 이 기업들은 일하는 것만으로도 활기가 생기고 자신의 업무 능력이 한 단계 더 상승했다는 느낌이 들게 해주는 조직이었습니다. 심지어 회사 건물에 발을 들여놓는 순간 활기찬 분위기가 피부로 느껴질 정도였습니다.

이 회사들의 공통점은 직원들끼리 '서로 돕는 행위'를 권장하는 사내 문화가 있다는 것이었습니다. 심리학 연구에서도 배려 있는 행동이나 서로 돕는 행위를 함으로써 생겨나는 긍정적 감정은 상대방을 배려하는 기비Giver뿐만 아니라 그 배려를 받는 리시버Reciever, 그리고 그 행위를 관찰하는 옵서버Observer에게까지 긍정적인 파급 효과를 준다는 사실이 밝혀졌습니다. 자애심 연구 전문가 중 한 명인 미국 미시간 대학교의 제인 더튼Jane Dutton 박사는 "배려가 담긴 행위를 직접 보는 일은 우리 내면의 배려심을 키우고 상대방을 위로하는 관대한 마음을 불러온다"고 말했습니다.

누군가 먼저 남을 돕는 행위를 하면 그 행위를 목격한 다른 동료가 자기 내면의 배려심을 깨닫게 됩니다. 그렇게 상부상조의 문화가 확산됩니다. 고귀한 마인드를 가진 사람들끼리 서로 영향을 주면서 미덕의 문화를 만드는 것입니다.

자신이 받은 은혜나 친절을 또 다른 사람에게 나누어주는 행위를 '나눔 릴레이Pay it forward'라고 합니다. 스타벅스에서도 이러한 나눔 릴레이 행위가 널리 전파되어 한때 화제가 됐습니다.

미국 플로리다 주에 있는 어느 스타벅스 매장에서 어떤 여성 고객이 자신의 뒤에 서 있던 생면부지의 사람에게 좋아하는 커피를 한 잔 대접하겠다고 말하고 본인이 값을 치렀습니다. 그랬더니 그 커피를 대접받은 사람도 자기 뒤에 서 있던 사람에게 똑같이 커피를 대접했습니다. 그리고 그 행위가 뒷사람에게 계속 이어진 결과 자그마치 그 매장에 있던 378명의 고객 모두가 나눔 릴레이에 동참하게 된 것입니다.

'상부상조하는 분위기가 있는 직장'이 해외 기업에서 주목받고 있는 까닭은 업무 의욕 저하와 정신 건강 악화 등의 부정적 문제에 대한 처방으로서 서로 돕는 행위가 효과적이기 때문입니다. 그리고 21세기에 기업이 살아남기 위해 필요한 '창의성'을 키우는 데에도 이렇게 서로 돕는 분위기가 있는 조직이 유리합니다.

고베대학교 대학원의 스즈키 류타鈴木竜太 교수는 "최근 성과주의에 입각한 인사 제도가 널리 도입됐는데, 그중에는 너무 지나친 곳도 있다. 그로 인해 개개인의 업무에 대한 책임감은 증가했을지 모르겠으나 타인의 업무에 대해서는 관심을 두지 않게 된 측면도 있다. 그 결과 '주어진 일만 하면 된다'는 가치관에 따라 다들 각자 자기 일만 하고 있다"라고 말했습니다.

그의 연구 주제이자 그가 제창하는 슬로건은 '인간적인 교류가 있는 직장'입니다. 조직 구성원들끼리 서로 인간적인 교류를 나누면서 일하는 직장은 '창의적인 탐구', '부지런한 움직임', '타인을 돕는 지원'이라는 사소하지만 중요한 행동들이 촉발되어 조직을 굳건하게 만들고 업무 실적도 좋아지는 결과를 낳고 있습니다.

인간적인 교류의 힘

조직 구성원들이 서로 인간적인 교류를 나누면 창의성은 물론 생산성과 업무 실적까지도 개선됩니다. 이는 결코 새로운 발견이 아닙니다.

제2차 세계 대전 이후 일본 경제가 다시 일어설 수 있었던 원동력은 고성장 기업이 있었기 때문입니다.

그러나 그 후 거품 경제가 붕괴하자 자신감을 상실한 일본 기업들은 미국 스타일의 경영 방식인 실력주의와 성과주의를 도입하기 시작했고, 그에 따라 일본 기업 특유의 강점이던 인간적 교류나 서로 돕는 정서에 바탕을 둔 과거의 업무 방식은 점점 잊혀지고 있습니다.

직장뿐 아니라 가정에서도 마찬가지입니다. 한솥밥을 먹는 식구들끼리도 마음을 나누는 경우가 점점 줄어들고 있습니다. 제가 어렸을 적에는 식사 시간이 되면 옹기종기 앉아서 서로 이야기를 주고받으면서 즐겁게 밥을 먹었습니다. 식사를 마친 뒤에는 거실에 모여서 인기 텔레비전 프로그램을 시청하는 것이 당연했습니다.

하지만 오늘날 아이들은 학원에 가느라 먼저 밥을 먹고 아버지는 야근 때문에 늦게 귀가하며, 어머니도 이런저런 일로 바빠서 가족이 한데 모여 식사할 기회가 별로 없습니다. 반대로 편의점이나 패스트푸드점에서 혼자 끼니를 해결하는 사람의 비율은 급속히 높아졌지요. 전처럼 거실에 온 가족이 둘러앉아 단란하게 텔레비전을 시청하는 일은 이제 정말 보기 어렵습니다. 어쩌다 한자리에 모여도 각각 스마트폰을 만지작거립니다. 여유 시간을 보내는 방식도 개인 중심으로 바뀌었습니다. 직장뿐만 아니라 가정에서도 서로 얼굴을 마주할 기회가 줄어든 것입니다.

서로 얼굴을 보지 않으면 상대방의 표정이나 상태 변화를 알아차리기 어렵고, 고민이나 불만이 있어도 상대방의 입장을 헤아릴 수 없습니다. 이렇듯 직장과 가정에 동시에 진행되고 있는 관계의 악화는 '고립화'를 초래합니다. '고독하다'라고 느끼는 순간 그 사람의 행복 지수는 하락합니다.

그래서인지 요즘 미국에서는 서로의 업무에 관여하는 '서로 돕는 조직'이 급부상하고 있습니다. 개인수의, 실력주의 중심의 경쟁 사회였던 미국이 스스로 변화하고 있는 것입니다. 흥미로운 현상이 아닐 수 없습니다.

서로 돕는 조직을 추구하는 기업으로는 미국 서해안에 본사를 둔 구글과 페이스북, 픽사, 드림웍스, 그리고 디자인 회사인 IDEO 같은 고성장 기업이 있습니다. 이 기업들에는 한 가지 공통점이 있는데, 바로 '혁신성'을 경영의 중심 철학으로 삼고 있다는 사실입니다. 결국 기술 혁신을 이루기 위해서는 서로 돕는 문화가 필요하다는 사실을 알고 있는 것입니다.

서로 돕는 기업 '픽사'

최근 10년 동안 매우 창의적인 상품과 서비스를 연달아 시장에 내놓으며 가장 눈부신 성장세를 보인 기업으로 픽사를 들 수 있습니다. 픽사는 제가 매우 좋아하는 기업이기도 합니다.

픽사는 「토이 스토리」 시리즈를 비롯해 많은 블록버스터 영화를 제작한, 세계 최고 수준의 컴퓨터 애니메이션 제작사입니다. 거의 매년 장편 애니메이션를 선보이고 있는데, 개봉하는 작품마다 전미 흥행 수익 1위를 차지했을 뿐만 아니라, 지금까지 만든 열세 개 작품의 전 세계 흥행 수익 평균이 무려 6억 달러(약 7,000억 원)에 이르는 대기록을 세우기도 했습니다. 한 편에 들어가는 제작비가 1억에서 2억 달러(약 1,200억 원에서

2,400억 원) 정도에 불과하니 이 회사의 이익률이 얼마나 높은지 짐작할 수 있습니다. 참고로 일본에서 역대 흥행 수익 1위를 기록한 스튜디오 지브리의 애니메이션 작품 「센과 치히로의 행방불명」은 3억 달러(약 3,500억 원) 정도에 불과했습니다.

픽사의 전신은 「스타워즈」 시리즈로 유명한 영화감독 조지 루카스가 소유했던 루카스 필름의 컴퓨터 애니메이션 사업부였습니다. 조지 루카스가 이혼 소송에 필요한 돈을 마련하느라 스티브 잡스에게 판매한 사업부가 '픽사'라는 이름으로 다시 태어난 것입니다.

게다가 컴퓨터 그래픽 기기를 개발하는 IT 기업이었던 픽사의 본사는 영화의 본고장인 할리우드가 아니라 실리콘밸리가 있는 샌프란시스코 베이 에리어San Francisco Bay Area(미국 샌프란시스코를 중심으로 하는 광역 도시권으로 IT 기술로 유명한 첨단 기업들이 밀집해 있는 지역)에 있습니다. 애플 본사, 그리고 스티브 잡스가 살았던 스탠퍼드 대학교 근처의 주택가에서 자동차로 한 시간 정도 걸리는 곳입니다.

그래서인지 픽사의 애니메이션 제작이나 회의 진행 방식, 그리고 직장 내 인간관계는 위계질서를 중시하는 할리우드 스타일인 톱다운Top down 방식이 아닌 실리콘밸리의 IT 기업과 비슷한 플랫Flat 방식입니다.

픽사에는 IT 벤처 기업에서 흔히 볼 수 있는 '놀이를 중요시하는 문화'도 있습니다. 본사 사무실에 들어서면 먼저 공항 로비 같은 넓은 현관에서부터 「토이 스토리」의 주인공인 우디와 버즈 라이트이어, 「몬스터 주식회사」의 설리와 마이크, 「인크레더블」의 주인공들이 방문객을 맞이합니다. 마치 디즈니랜드에 발을 들여놓은 것만 같은 즐거운 분위기입니다.

또 개인 룸 형태의 사무실은 직원들이 본인의 취향에 맞게 꾸며놓았습니다. 마치 각각의 개인 사업자가 혼자 여유롭게 일하는 오피스텔처럼 느껴지지요. 방마다 잠금장치가 있어서 사생활도 지킬 수 있습니다.

스티브 잡스는 신사옥 디자인에 픽사에서 가장 중요한 무엇인가를 담고 싶다는 희망을 피력했다고 합니다. 그것은 바로 '직원들 사이의 인간관계'였습니다.

픽사의 사무실 중간에 넓고 큰 공간이 있는 이유는 직원들이 항상 이야기 나눌 수 있는 열린 공간을 스티브 잡스가 원했기 때문입니다. 실제로 회의실이나 응접실 역시 천장이 높게 설계되어 있어서 개방적이고 편안한 느낌을 줍니다. 활발하게 이야기를 나눌 수 있는 분위기가 자연스럽게 조성되지요. 사람들이 서로 유대감을 느끼면서 인간관계를 맺을 수 있도록 설계한 것입니다.

"사람이 얼마나 행복한가는
감사하는 마음의 깊이에 달려 있다"

– 존 밀러

도움을 요청할 줄 아는 사람

제가 근무했던 회사도 미국계 기업이었습니다. 그런데 이 회사는 전통적으로 뛰어난 일본 회사의 경영 방식과 비슷한 측면이 있었습니다. 예를 들자면 '인재'를 기업의 중심에 놓고 '신뢰'를 회사의 중요한 가치관으로 삼는 기업 정책이 그렇습니다. 또한 직원들 간의 인간관계를 중요시하는 문화가 있었습니다. 그들은 성과를 올리기 위해선 리더가 먼저 서로 돕는 모습을 보여야 한다고 생각했습니다.

저는 각국의 인재들과 직접 만나 함께 일할 기회가 종종 있었습니다. 그중에서도 특히 호주 사람이었던 여성 상사 J 씨가 기억에 남습니다.

J 씨가 사업본부장으로 부임하기 전부터 사업은 난항을 겪고 있었습니다. 부진에서 벗어나려고 노력하는 일은 스트레스가 매우 큽니다. 그만큼 힘들게 일했는데도 작년보다 실적이 낮게 나오면 사기가 떨어져 도저히 일할 엄두가 안 납니다. 그런 기간이 상당 기간 지속되면서 간부들과 직원들이 다른

사업부로 옮겨가는 등의 매우 난처한 상황에 처했습니다. 물론 제 직속 상사도 거의 매해 새로운 사람으로 바뀌었습니다.

J 씨에게 주어진 임무는 비즈니스와 조직을 V 자로 회복시키는 것이었습니다. 그 어려운 과업을 J 씨는 담담하게 받아들이고 빠른 속도로 사업부를 회생시켰습니다. 그야말로 기적의 역전 드라마였습니다.

사실 저는 J 씨와 함께 일할 날을 매우 고대하고 있었습니다. J 씨의 소문은 일찍이 들어 알고 있었고, 과거에 점심을 함께 먹으면서 J 씨에게 제 커리어에 관한 상담을 받은 적도 있었습니다. J 씨는 부하들로부터 신망이 두텁고 사내 평판도 좋았으며, 그녀가 담당하는 사내 연수는 항상 최고 수준의 평가를 받았습니다. 그녀는 비즈니스에 대한 열의와 인간에 대한 애정을 겸비한 리더였습니다.

J 씨가 사업본부장으로 부임하고 나서부터 사무실 분위기는 완전히 달라졌습니다. 항상 목표 미달에 그쳤던 그래프가 상승 곡선을 그리기 시작하지 '하면 된다'는 분위기가 조성됐습니다. 그리고 그로부터 1년 뒤에는 실적이 완전히 회복되어 사내에서 가장 성공한 사업부로 인정받았습니다.

I Need Your Help

J 씨가 부임하고 얼마 지나지 않아 저는 그녀와 단둘이 대화를 나눌 기회를 얻었습니다. 그녀가 인솔하던 리더십 팀 멤버 전원에게 그녀와 일대일로 대화할 기회가 주어졌던 것입니다.

사적인 일까지 포함해 자기소개를 하는 자리이기도 했고, 사업본부장에게 바라는 바를 전달하는 비즈니스의 장이기도 했으며, 사업부의 최고 책임자가 자신의 '업무상 신조'를 말하는 교육의 장이기도 했습니다. 세계 정상급 리더는 자신의 '업무 신조'를 짤막한 문장으로 만들어 직속 부하나 팀원들과 공유함으로써 이해의 폭을 넓히는 습관을 지니고 있습니다. 먼저 본인이 어떤 사람인지 알려주고 자신이 무엇을 중요하게 여기는지를 말해주면서 친밀감 있는 유대 관계를 만들어나가는 것입니다.

그날 J 씨의 업무 신조를 들으면서 매우 깊은 인상을 받았습니다. "구제 씨와 이 멋진 브랜드를 위해서 일할 기회를 얻게 되어 정말 기쁘게 생각합니다"라는 인사말로 시작됐고, 대화는 약 한 시간 정도 이어졌습니다. J 씨는 본인이 가장 소중하게 여기는 어떤 신조를 설명하는 데에 특히 많은 시간을 할애했습니다.

"오늘은 일대일로 대화를 나눌 소중한 기회인만큼 저와

함께 일하게 된 분에게 부탁하고 싶은 게 있습니다. 그래도 될까요?"

그녀는 먼저 이렇게 양해를 구했습니다.

"물론입니다. 어떤 부탁이시죠? 혹시 좀 어려운 일인가요?"

제가 물었더니 그녀는 다음과 같이 답했습니다.

"아니요. 아주 간단하고 쉬운 거예요. 하지만 저랑 같이 일하는 동안에는 절대로 잊으면 안 되는 일입니다. 약속해줄 수 있으세요?"

"알겠습니다. 말씀해주시지요."

"그건 말이죠. 일하다가 어떤 문제가 생겼을 때 혼자서 고민하느라 끙끙 앓지 마시고 바로 저에게 도움을 요청해주셨으면 합니다. 그러기 위해 꼭 기억해야 할 문장이 있는데요. 바로 'I Need Your Help'입니다."

"아, 네······."

"만약 도움이 필요할 때는 반드시 이 표현을 메일 제목으로 눈에 띄게 씨주세요. 그러면 아무리 바쁘더라도 저는 그 메일을 최우선 순위로 얼어보겠습니다. 그리고 문제 해결을 위해 직접 행동을 취하거나 아니면 적당한 사람에게 저를 대신해서 도와달라고 말해두겠습니다."

"정말 감사한 말씀이긴 합니다만, 정말 그럴 수 있으시겠어요? 워낙 바쁘셔서 그렇게까지 신경 쓸 여유가 없을 것 같은데요?"

"그건 걱정 마세요. 사업본부장으로서 제가 해야 하는 가장 중요한 업무는 여러분이 갖춘 능력의 장점을 최대한 발휘할 수 있는 분위기를 만드는 것입니다. 어차피 저 혼자만의 힘으로 할 수 있는 일은 한정되어 있으니까요. 제가 하는 업무의 대부분은 여러분을 통해서 이루어지는 거예요.

"J 씨는 진지한 태도로 말을 이었습니다.

"그러니까 상사라고 해서 제 눈치를 보지 말고 본인이 맡은 업무에 집중해주셨으면 합니다. 그리고 만약 그 업무 목표를 달성하는 데에 방해되는 문제나 장벽이 있다면 그것을 제거하기 위해서 저를 이용해주세요."

"그런 거로군요……."

"사고나 트러블은 조기에 손을 쓰지 않으면 복잡해지고 순식간에 확대됩니다. 문제 해결은 결국 시간 싸움이에요. 실수를 저질렀을 때에도 얼마나 빠르게 대처하느냐가 중요합니다. 하지만 사람들은 자신의 실수나 회사에 부정적인 영향을 줄 수 있는 문제는 숨기고 싶어 하지요. 문제를 끌어안은 채 혼자 고민하면서 시간만 흘려보내는 사람도 있습니다. 또는 자기 혼자 문제를 해결할 수 있다고 생각한 나머지 무리하는 사람도 있습니다. 문제 해결을 계속 미루는 경우도 있고요. 그러면 결국 문제는 더 확대되고 회사가 심각한 손해를 보게 되는 상황마저 생깁니다. 그건 회사뿐 아니라 본인에게도 불행한 일이에요."

"그렇겠지요."

"그러니까 만약 구제 씨가 어려운 일에 부딪혀 제 도움이 필요하다면 바로 알려주세요. 저한테는 예산과 인력과 풍부한 경험이 있습니다. 유연하게 대처할 수 있는 권한도 제법 갖고 있습니다. 생각보다 신속하게 해결할 수 있는 문제가 많아요."

"맞는 말씀입니다."

"그리고 구제 씨도 저처럼 부하 직원에게 같은 이야기를 해주시기 바랍니다. 뭔가 어려운 일이 있을 때는 혼자서 고민하지 말고 먼저 보고하라고요. 'I Need Your Help'라는 제목으로 메일을 보내달라고 직원들에게 말씀해주시고, 만약 그런 메일이 도착하면 다른 일은 잠시 미뤄두고 가장 먼저 그 메일을 처리해주세요. 이게 제 부탁입니다."

그날 대화를 마칠 때쯤 제 가슴속에서 뭔가 따뜻한 감정이 뭉클하게 올라왔습니다. 참된 배려를 받았을 때 느낄 수 있는 감정이었습니다.

뛰어난 리더는 타인에게 도움을 요청한다

'I Need Your Help', 즉 필요할 때 적극적으로 도움을 요청하라는 것이 J 씨의 신조였습니다. 그리고 그 신조가 조직 전체에 점차 전파되면서부터 사업부의 분위기는 완전히 바뀌었습니다. 서로 돕는 분위기가 조성된 것입니다.

서로 돕는 관계를 조성할 때 방해되는 것은 '주저하는 마음'이나 '쑥스러움' 같은 심리적 장벽입니다. 상사 혹은 나보다 나이가 많은 사람에게 도움을 요청하려다가도 '민폐를 끼치는 게 아닐까' 하는 생각에 주저하게 됩니다. '이런 부탁을 하면 나를 싫어하지 않을까' 하는 두려움에 다른 사람에게 도움을 요청하지 않지요.

하지만 이런 심리 상태는 자신을 전혀 행복하게 하지 않습니다. 오히려 불행하게 합니다.

부하 직원들이 주저하거나 부끄러워하지 않게 하는 방법은 리더 스스로 솔선수범해 도움을 요청하는 모범적인 행동이었습니다. 특히 'I Need Your Help'처럼 간결한 네 단어를 제시하면 부하도 한결 가벼운 마음으로 도움을 요청할 수 있습니다.

저도 이 마법의 표현을 알게 된 뒤부터 적극적으로 도움을 청하겠다고 결심했습니다. 그러나 실제로 이 표현을 활용한 것은 J 씨와 함께 일한 1년 반 동안 몇 차례에 불과했습니다. 정말 도움이 필요한 상황이 그렇게 많지는 않았던 것입니다. 하지만 직속 상사로부터 언제든지 도움을 요청해도 된다는 말을 듣고 난 뒤부터는 상사가 보여준 배려심 덕분에 훨씬 안정된 마음으로 업무에 임할 수 있었습니다. 그리고 그렇게 훌륭한 상사를 만날 수 있게 해준 인연에 감사하는 마음이 들었습니다.

저는 제 부하들에게 이 마법의 문장을 알려주었습니다. 그러자 다음 날부터 도움을 요청하는 메일이 쏟아졌습니다. 'I Need Your Help'라는 제목의 메일이 끊임없이 도착했습니다. 솔직히 그때는 적잖이 놀랐습니다. 그와 동시에 이 정도로 나의 도움을 원하는 부하 직원이 많다는 사실을 몰랐다는 게 부끄러웠습니다. 저는 부하 직원들이 편히 도움을 요청할 수 없는 사람이었던 것입니다.

실제로 사업본부장이었던 J 씨도 어려운 상황에 처하면 자신의 상사인 본사 직원이나 CEO에게 적극적으로 도움을 요청했습니다. 역시 언제든지 도움을 요청하라는 권유가 있었기 때문입니다.

예를 들자면 회사에서는 모든 사내 문서를 가능하면 한 장에 요약해서 작성하도록 권장하고 있었습니다. 이 '원 페이지

메모'는 전 세계 지사에도 통용되는 공통된 양식이었습니다. 그래서 직원들은 기획서, 제안서, 보고서를 모두 한 장짜리 문서로 작성해야 했습니다.

그러던 어느 날, 회사 CEO에게 보내는 한 장짜리 보고서 뒷부분에 'Help Needed'라는 항목이 추가되어 있다는 사실을 알게 됐습니다. 도움이 필요한 일이 생기면 언제든지 알려 달라는 회사 경영진의 자세가 사내 문서에도 반영되어 있었던 것입니다. 이런 태도 덕분에 회사는 매우 강력한 상부상조 문화가 있는 조직으로 거듭났습니다.

도움을 요청하는 것이 중요한 이유

도움을 요청하는 마음을 심리학에서는 '원조 욕구'라고 합니다. 누군가에게 도움을 요청하는 것은 약자의 태도라고 여겨지기 쉬운데, 이는 잘못된 편견입니다. 스트레스를 이겨내고 역경을 극복하기 위해서는 누구나 정신적 지주가 필요합니다. 언제 어디서나 도움을 주는 서포터가 필요합니다.

감정회복습관과 사회적 지원의 관련성에 대해서는 많은 연구 결과가 있습니다. 특히 서포터가 필요한 경우는 질병이라는 역경을 만났을 때입니다. 심장 발작이나 뇌졸중으로 쓰러졌을 경우에는 그 사람 주위에 누가 있는지에 따라 운명이 달라집니다. 또한 스트레스로부터 신체를 지켜주는 호르몬 코르티솔은 도움을 받는 사람이 받지 못하는 사람보다 더 많이 분비된다고 합니다.

자기 일에 자신감을 느끼는 사람일수록 '남에게 기대지 않고 스스로 문제를 해결할 수 있다'고 생각합니다. 그런 사람들은 서포터의 중요성을 무시합니다. 하지만 그것은 지나친 신념, 즉 자신을 과신하는 것입니다. 이런 사실을 알려주는 흥미로운 조사 결과가 있습니다. 도쿄 대학교의 나카하라 준中原淳 교수의 연구에 따르면 조력이나 조언을 적극적으로 희망하는 중간 관리자가, 조력을 원치 않는 고독한 중간 관리자보다 업무 실적이 더 높다고 합니다.

직원들이 잇따라 사직서를 제출하고 나가는 조직에서 일하는 것은 매우 힘듭니다. 특히 배려심이 없는 조직에서는 걸핏하면 문제가 생기고, 위기가 닥쳤을 때도 서로 모른 체합니다. 담당자만 고군분투하는 경우가 많습니다.

만약 그러한 조직에서 일하게 됐다면 두 가지 선택지 중에서 하나를 고르면 좋습니다.

첫 번째는 자신의 '서포터'를 찾는 것입니다. 그 부서에 적당한 사람이 없으면 다른 부서에서 찾으면 됩니다. 여의치 않을 때에는 두 번째 선택지로 이동합니다. 인사이동을 청원해서 '그 조직에서 벗어나는 것'을 시도합니다. 하드 워커일수록 에너지 소모량이 많아서 조직의 희생자가 될 가능성이 큽니다.

당신이 현실적인 시야를 가지고 있고, 합리적으로 생각하며, 문제에 유연하게 대처하는 감정회복습관이 있는 사람이라면 어느 한 가지에 과도하게 집착할 필요가 없습니다.

시련을 기회로 바꾸는 습관

"아주 소수이지만 진정한 리더들에게는 공통된 특징이 있다. 바로 본인 앞에 닥친 가혹한 시련을 성장할 기회로 바꿔왔다는 것이다."

리더십 이론의 대가라 불리는 워런 베니스Warren Bennis 박사의 말입니다.

베니스 박사가 미국의 정·재계를 대표하는 인물 40명을 대상으로 조사한 결과, 그들은 모두 리더십에 눈을 뜨고 새로운 인생을 살게 된 계기가 아주 우연히 찾아왔다고 말했습니다. 그들이 말한 계기는 대학교 강의실에서 배울 수 있는 게 아니었습니다. 현장에 뛰어들어 몸으로 부딪히다가 사면초가의 시련에 빠졌을 때, 고난을 이겨내기 위해 노력하다가 깨달음을 얻었을 때, 즉 역경 체험을 통해 진정한 리더십이 무엇인지 알게 됐다고 합니다.

베니스 박사는 조사를 진행하면서 '리더가 되는 길은 말하자면 수도자의 길과 같다'고 생각했습니다. 그리고 몹시 힘들고 고된 가시밭길을 걸으면서도 '나는 누구인가', '내게 가장 소중한 것은 무엇인가'라는 질문을 던져 자신을 돌아봤습니다. 그리고 훌륭한 리더로 성장한 사람들을 가리켜 '역경을 딛고 선 리더'라고 불렀습니다.

리더들이 "나에게는 너무나도 힘든 시련이었다"고 입을 모아 말하는 '시련'의 정체는 바로 '주위 사람들의 편견'이었습니다. 남들보다 더 높은 기준을 정하고 열심히 일하는 자신에게 차가운 시선을 보내거나 헐뜯는 이들도 많았다고 합니다.

하지만 그럴 때마다, 이 역시 우연일 수 있겠지만 엄격한 상사나 멘토를 만나 그들로부터 날카로운 조언을 얻는 매우 소중한 경험을 했다고 합니다. 이는 모종의 시련이라고도 할 수 있는데, 훗날에 그 진가를 발휘하게 되는 '진짜 시련'입니다. 엄격한 상사와 선배, 부모로부터 받는 질책은 그 사람이 역경에 처했을 때 스스로 역경에 도전할 수 있는 동기, 즉 사회적 지원을 제공하기 때문입니다.

고베 대학교 가나이 도시히로金井壽宏 교수는 "큰 그릇을 가진 사람이 될 수 있는가 없는가는, 그 사람이 직장 생활에서 모종의 고비에 처했을 때 그 껍질을 깨고 나올 수 있는가의 여부에 달려 있다"고 말합니다.

일본의 한 경제연합회에서 20명의 경영 간부를 대상으로

'껍질을 깨고 나온 경험'이 있는지 인터뷰히고, 66개의 사례를 수집해 분석하였습니다. 그 결과 오늘날 기업 고위직에 근무하는 많은 사람이 지금까지 최소한 세 차례 이상 직장 생활에서 고비를 맞이한 바 있다는 사실을 밝혀냈습니다. 그 고비란 인사이동, 해외 근무, 좌천, 강등, 업무 스트레스 등이었습니다. 심지어 그들은 승진이나 수직적 인사이동에서 발생하는 책임감의 압박까지도 직장 생활의 고비로 느끼고 있었습니다.

흥미로운 사실은, 미국에서는 관리직이나 경영직으로 승진한 이에게 인생의 하이라이트가 왔다며 축하하는 반면, 일본에서는 직장 생활의 역경으로 받아들이는 사람이 많다는 점입니다. 아무튼 오늘날 우리는 별일이 없는 한 20대에 시작한 사회생활을 60대 중반까지 이어갈 확률이 높습니다. 그리고 그 길의 대부분은 가시밭길입니다. 그저 열심히만 한다고 해서 헤쳐 나갈 수 있는 길은 아닙니다.

역경을 효과적으로 이겨내려면 감정회복습관이 있어야 합니다. 고비를 맞이할 때마다 한 단계 더 강한 모습으로 성장해야 합니다. 이때 필요한 테크닉이 '자기 효능감' 높이기와 '사회석 지원'입니다.

목표와 감정의 상호 작용

벤처 기업에 입사한 K 씨는 책임감이 강하고 매사에 노력을 아끼지 않는 성실한 회사원입니다. 그런데 그에게는 고민이 있었습니다. 자신의 목표 의식이 낮은 편도 아닌데 같은 시기에 입사한 동기 네 명 중 실적이 가장 부진했기 때문입니다.

그에게는 입사 초기 법인영업부에 발령을 받고 일하던 중 프로젝트에 실패한 경험이 있었습니다. 그 이후 자신감이 많이 하락했는데, 아마도 그 사건이 다른 업무에 안 좋은 영향을 미친 것 같았습니다. 사내에서 회의할 때에도 소극적인 태도로 머뭇거리면서 발언했습니다. 프로젝트 출범을 위한 사전 미팅에서 그는 "목표니까 당연히 해야겠지요"라고 말했다고 합니다. 목표를 '해야만 하는 것'으로 설정하는 태도, 그저 '나는 회사에서 시키니까 일하는 것 뿐이다'라는 태도를 보였습니다.

그래서 동기 부여와 사기 진작을 위해 MBO(효율적인 경영 관리 체제 실현을 위한 경영 관리법의 하나. 기업이나 조직의 구성원이 스스로 설정한 목표를 달성하기 위해 노력하고 그와 동시에 동기를 부여하는 일련의 과정)를 도입해 분기별 목표를 설정하고 달성할 수 있도록 유도했습니다. 내면으로 숨어버린 일에 대한 의욕을 다시 불러일으키는 것이 목적이었습니다. 특히 K 씨의 주요 업무는 고객에게 인재를 알선하는 일이었으므로 '분기별 알선 실적' 같은 수치상의 목표와 '고객을 잘 이해하기' 등의 업무 목표를 설정해 내재되어 있는 의욕을 되살리고자 했습니다.

나아가 지속적인 동기 부여를 위해 목표 달성에 이르는 전 과정을 한눈에 볼 수 있도록 가시화하고, 이를 몇 가지 구체적인 행동으로 세분화하는 작업도 실시했습니다. 그 작업의 목적은 통찰력을 높이는 것이었습니다.

K 씨의 일정은 다음과 같았습니다. 먼저 고객 채용 관련 부서를 방문해 현장의 목소리에 귀를 기울입니다. 그 다음 베테랑 직원과 함께 다니면서 영업 활동에 참고할 만한 점을 알아둡니다. 사무실로 돌아오면 고객에 관련된 최신 정보를 동료들과 함께 공유합니다. 고객이 인재를 뽑기 위해 면접을 진행할 때에도 함께 참석해 현장 감각을 키웁니다.

이렇게 구체적인 행동 양식을 정해주고, 만약 K 씨가 어려움을 느끼면 의논하여 바로 다른 방법을 찾아보도록 하였습니다.

주 1회 사전 미팅하기, 고객 상담하기, 사무실로 돌아온 후 사람들과 내용 공유하기, 이 순서에 따라 트레이닝을 반복하는 동안 K 씨는 조금씩 자신감을 회복해가는 모습을 보였습니다. 마지막 조별 회의 시간에는 일주일 동안 경험한 성공 체험을 공유하는 시간을 가졌습니다.

결과적으로 K 씨는 회사에서 그해 마지막 분기 우수 사원으로 뽑혔습니다. 고객이 필요로 하는 인재를 알선하는 데 성공했고, 고객에 대한 이해도를 훨씬 더 높은 수준까지 끌어올리는 등의 업무 성과를 올렸습니다.

'자기 효능감' 높이기는 입사 후 100일 이내에

위 이야기는 제가 운영하는 교육 기관에서 K 씨에게 감정 회복습관 강화 트레이닝을 지도한 사례입니다. 가장 신경 쓴 부분은 입사 동기에게 밀려 자신감을 잃어버린 K 씨의 '자기 효능감'을 높여주는 것이었습니다. K 씨의 문제는 다음과 같았습니다.

- 생각한 대로 일이 잘 풀리지 않으면 의욕을 잃고 '그만두겠다'고 말한다.

- 어려운 문제가 생기면 일하던 도중에 그냥 포기해버린다.
- 좀처럼 새로운 과제에 도전하려고 하지 않는다.

만약 새로 입사한 사람이 위와 같은 모습을 보인다면 그 사람은 실패한 경험 때문에 자기 효능감을 잃어버린 상태일 수 있습니다. 좌절을 겪더라도 바로 다시 일어난다면 괜찮았 겠지만, 그렇지 못하고 연이어 실패하면 누구나 심적 부담을 느껴 약한 모습을 보이게 되는 법입니다.

성실한 노력파일수록 이런 상황에 빠지는 경우가 많습니다. 그들은 타고난 공부벌레이자 일벌레로 학생 시절부터 성실히 살아온 사람입니다. 당연히 사회생활에서도 진지한 태도로 언 제나 노력을 게을리하지 않지요.

하지만 본인에게 익숙하지 않은 업무는 아무리 열심히 해 도 결과가 좋지 않을 수 있습니다. 한번 자신감을 잃어버리게 되면 실질적인 업무보다 '다음번에는 제대로 잘 될까……' 하 는 걱정이 앞서 일이 손에 잡히지 않고 서류만 들여다보면서 시간을 낭비해버리고 맙니다. 본인은 열심히 하고 있다고 생 각하지만 정작 성과는 없는 것이시요.

자기 효능감은 영어로 'Self Efficacy'라고 하는데, 이는 '목 표 달성에 대한 자기 자신의 능력을 확신하고 기대하는 마음'

으로 정의할 수 있습니다.

이는 막연한 자신감이라기보다 구체적인 감정이자 목표 달성에 꼭 필요한 심리적 자원입니다. 어떤 목표에 대해서 '그래, 나는 하면 되는 사람이야'라고 느낄 수 있는 심리적인 척도입니다. 과거에 부하 직원을 성장시킨 경험을 돌이켜보면, 신입 사원은 입사 후 100일 내에 업무에 대한 자기 효능감을 높여야만 한다는 결론이 나옵니다.

자기 효능감이 높으면 역경을 만나도 도망가지 않고 끝까지 최선을 다할 수 있습니다. 실패하더라도 바로 자신감을 회복하지요. 조금 벅차 보이는 도전도 '이건 내가 한 단계 도약할 기회다!'라며 긍정적이고 진취적인 자세로 그 상황을 직시합니다.

자기 효능감은 동기 부여와도 관련이 깊습니다. 노력을 기울여 높은 목표에 도전할 때는 자연스럽게 의욕이 솟아오르지요. 자기 효능감이 높은 사람은 새로운 기술을 익히는 일도 좋아해 시간 가는 줄 모르고 열중합니다.

자기 효능감에 관해서는 미국의 스탠퍼드 대학교 심리학과 교수인 앨버트 반두라Allbert Bandura 박사가 가장 유명합니다. 반두라 박사에 따르면 자기 효능감을 높이기 위한 방법으로는 네 가지가 있습니다.

첫 번째 방법은 '실제 경험 쌓기'입니다. '하면 된다' 같은 신념을 지니려면 먼저 작은 성공을 체험해보는 것이 가장 효과적입니다. 때로는 기대치를 낮추더라도 성공이 보장된 쉬운 과제를 반복해 작은 성공 체험을 많이 쌓는 것이 좋습니다. 반면에 무리해서 어려운 과제에 도전하면 성공 체험과는 정반대로 실패 체험을 반복하게 될 수 있으므로 주의가 필요합니다.

두 번째 방법은 '모범 사례 관찰하기'입니다. 성공적으로 일을 수행하는 사람의 행동이나 말투를 가만히 관찰하는 것만으로도 '대리 경험'은 가능합니다. 그러는 동안에 '어차피 나한테는 무리겠지' 하고 느끼던 불안감이 '어쩌면 나도 가능할지 몰라'와 같은 자신감으로 바뀌지요. 도제식 교육만 해도 그렇습니다. 예를 들어 명인이 되기 위해서는 어깨너머로 스승의 일거수일투족을 보며 수련해야 합니다. 무언가를 배우기 위해 자신보다 실력이 뛰어난 사람을 따라 하며 익히는 일은 결코 부끄러운 것이 아닙니다.

세 번째 방법은 주위 사람들로부터 '격려받기'입니다. 새로 입사한 사람의 자기 효능감을 높이기 위해서는 "자네라면 할 수 있어"라는 격려의 말이나 "그 아이디어 상당히 괜찮은데?" 같은 긍정적인 피드백이 큰 효과가 있습니다.

마지막 네 번째 방법은 '감정 조절하기'입니다. 어려운 과제에 직면했을 때 '잘 안 될지도 몰라……' 하고 암울해지기 전에 의도적으로 분위기를 바꿔 기분 좋은 감정 상태를 만드는 것입니다. 그룹 회의 등을 통해 상대방이 긍정적인 감정을 느끼도록 도와주는 경우가 이 방법의 좋은 예라고 할 수 있습니다.

K 씨에게는 업무 설계와 회의 방법, 주 1회 코칭 훈련 등을 통해 위에서 말한 네 가지 방법을 적절히 적용했습니다.

예를 들면 K 씨가 '실제 경험 쌓기'를 체험할 수 있도록 사전 미팅에서 면밀하게 전략을 짜고 과제를 분명하게 정한 뒤에 조언을 했습니다. 그렇게 철저하게 준비하고 고객과의 비즈니스 상담에 임했던 것이지요. 그 결과 작은 성공 체험이 계속 쌓여 K 씨는 자신감을 회복할 수 있었습니다.

때로는 K 씨와 함께 고객을 방문해 상담에 필요한 스킬을 직접 보고 배울 수 있는 기회를 만들어주기도 했습니다. 사람들은 신기하게도 가까운 지인이 어려운 과제를 능수능란하게 처리하는 모습을 옆에서 보는 것만으로도 자신감을 회복합니다. K 씨 역시 영업을 대리 경험하면서 자기 효능감을 높일 수 있었습니다.

한편 '격려받기'는 비즈니스 상담이 끝난 뒤에 이루어졌습니다. K 씨에게 상담 후 반드시 하루를 '돌아보는 시간'을 갖고 그날의 좋았던 점을 말하게끔 했는데, 이 과정에서 격려가 이루어졌습니다. 일반적으로 보고를 위한 회의 자리에서는 문제에 대한 지적이 나오게 마련이라 분위기상 격려의 말을 건네기가 어렵습니다. 하지만 K 씨의 경우에는 의도적으로 '그날의 성공담'을 보고하라고 지시했기 때문에 회의 시간을 활용해 자기 효능감을 높일 수 있던 것입니다.

성공 체험 공유하기는 정기적으로 열리는 회의에서도 이미 실시하고 있습니다. 회의 시간 마지막 5분 동안 멤버들이 서로 격려의 말을 주고받으며 기분 좋게 회의를 마칠 수 있도록 했습니다. 팀 전체가 '하면 된다'라는 용기를 얻고 자기 효능감을 높일 수 있는 좋은 계기였지요.

이 같은 노력이 업무 과정에 녹아 있었기 때문에 K 씨의 자기 효능감은 나날이 높아졌고, 그 결과 표창장까지 받게 된 것입니다. 상을 받은 뒤에 K 씨의 자신감이 훨씬 더 높아진 것은 당연합니다. 게다가 K 씨는 천성적으로 부지런했기 때문에 자기 효능감이 시너지 효과를 불러왔습니다. 긍정적인 선순환으로 업무에 대한 자신감이 점점 더 높아졌습니다.

자기 효능감

50대인 L 씨는 두 번째로 이직한 직장에서 고민에 빠졌습니다. 이직한 곳은 외국계 중견 기업이었는데, 두뇌 회전이 매우 빠른 데다가 열 살이나 어린 동료 과장이 L 씨의 마음을 어지럽히고 있었습니다.

그 동료 과장은 오랫동안 외국계 기업에서 근무한 경력이 있었으며, 남에게 지기 싫어하는 성격이었습니다. 일주일에 두세 번 열리는 상황 보고 회의에서 그 동료 과장은 L 씨의 업무 상황에 대해 신랄하게 비판하곤 했습니다. 그때마다 L 씨는 '왜 굳이 남들 앞에서 나에게 저런 소리를 하는 걸까' 하는 생각에 그 동료가 몹시 불편했습니다. 같은 과장 직함이었지만, 열 살이나 아래인 동료에게 그런 공격적인 말을 들으니 매우 우울했고 열등감마저 느꼈습니다. 결국 L 씨는 직장 내 인간관계에서 오는 이 스트레스를 어떻게 해결해야 할지 모르겠다며 저를 찾아왔습니다.

경력 사원으로 입사한 사람은 바로 실전에 투입할 수 있다?

저는 L 씨가 당면한 진짜 문제는 원활하지 않은 대인 관계가 아니라 이직 후에 낮아진 자기 효능감에 있지 않을까 생각했습니다. L 씨가 내뱉는 단어 하나하나에서 새로 옮긴 회사에서 느끼는 압박감이 그대로 묻어났기 때문입니다.

노력하고 있지만 아직 100퍼센트 자신은 없는 상황, 그래서 동료가 건네는 가시 돋친 비판에 쉽게 상처를 입고 마는 상태로 보였습니다. 업무에 대한 자기 효능감이 떨어져 있기 때문에 부정적인 발언을 여유 있게 받아들일 수 있는 '완충력'이 약해져 작은 비판에도 쉽게 무너져버리는 현상이 일어난 것입니다.

제가 기억하는 L 씨는 좀 더 자신감이 넘치고 당당한 모습이었습니다. 때로는 지나치게 자존감이 높은 게 아닌가 하는 생각이 들 정도였습니다. 이름만 들어도 다 아는 대기업에서 특정 분야의 전문가로 활약하던 L 씨는 그만큼 자신의 능력에 대한 자부심도 높은 사람이었습니다. 능력을 인정받아 외국계 기업으로 스카우트된 것이었지만, 어쩌된 일인지 이번 회사에서는 자신감을 잃어가고 있었습니다.

문제는 경력 사원으로 입사한 L 씨에 대한 회사의 과도한 기대였습니다.

기업이 경력 사원을 채용할 때는 그 사람의 경험과 능력을 중요하게 생각합니다. 다른 회사에서 쌓은 경험을 우리 회사에서도 즉시 활용할 수 있을 것이라 가정하고 채용합니다. 입사한 사람도 자신이 금세 무엇이든 잘해낼 수 있을 거라 스스로 암시하며 가능한 빨리 결과물을 내놓으려고 노력합니다. 상사 역시 이제 갓 대학을 졸업한 신입보다는 경험이 풍부한 경력 사원에게 더 많은 기대를 걸지요.

하지만 현실은 기대와 다릅니다. 심지어 한두 해 지나고 나면 같은 시기에 입사한 신입 사원에게 경력 사원이 밀리는 경우도 있습니다. 경력 사원에게는 자신의 능력을 보여주어야 하는 입사 후 몇 달이 가장 중요한 고비라고도 할 수 있습니다.

문제는 사원을 채용하는 기업 쪽에 있습니다. 신입을 채용할 때는 신입 사원 연수나 직무상 훈련OJT, On-the-Job Training 등 필수 직무 능력 향상을 위한 교육 과정을 편성하면서, 경력 사원에게는 그만한 노력도 예산도 들이지 않습니다. 직속 상사도 경력으로 입사한 사람은 알아서 잘할 거라 믿고 신입만큼 챙겨주거나 정성을 들여 가르치지 않기 때문에 결국 혼자 방치되는 경우가 많습니다. 특히 경력 사원이 직속 상사보다 나이가 더 많을 때는 더욱 그렇습니다.

하지만 '경력 사원은 신경을 안 써도 된다'는 건 잘못된 생각입니다. 경력 사원에 대한 교육 및 지원의 부족은 기업의 인재 양성 차원에서도 문제점으로 작용합니다.

만약 경력 사원에게 MBA 학위라도 있다면 문제는 더 심각해집니다. 경영 대학원에서 학위까지 받은 사람인만큼 회사에서 거는 기대가 만만치 않을 것입니다. 그러나 이전 회사에서 쌓은 경험이 새 직장에서 바로 빛을 발하지 못하는 것처럼 경영 대학원에서 배운 지식이 바로 실전에서 활용되는 것은 아닙니다.

경력 사원에게 중요한 승부처는 입사 후 100일

신입 사원과 마찬가지로 경력 사원도 입사 후 100일이 자신에게 주어진 새로운 직무에서 자기 효능감을 얼마나 높이는지 판가름하는 승부처입니다.

이전 직장과 비슷해 보이는 직무라도 실제로 회사에서 요구하는 업무 내용은 상당히 다른 경우가 많습니다. 또 동종 업세 내 이직이라고 해도 회사가 달라지면 함께 근무하는 동료들도 달라지고 상사가 기대하는 업무 성과도 달라지는 게 당연합니다. 이러한 차이점을 모두 이해하고 성과를 내기 위해서는 심사숙고해야 합니다. 업무 성과를 올리기 위해 필요한 자기 효능감을 갈고 닦는 단계에 돌입하는 것이 매우 중요합니다. 그러지 않으면 몇 달 뒤에 "아무래도 이번 경력 사원은 잘못 뽑은 것 같아……"라는 뒷얘기를 들을 수도 있습니다.

신입 사원은 직속 상사가 도와주지만, 경력으로 들어온 사원은 알아서 자기 관리를 해야 한다는 인식이 일반적입니다. 때문에 자기 효능감을 높이기 위해서는 먼저 셀프 코칭을 하고, 적절한 행동 목표를 설정한 다음 100일 동안 적극적으로 행동해야 합니다.

이직한 회사에서는 상사와의 관계가 중요하다

이직하고 얼마 되지 않아 좌절한 L 씨와 대화를 나누면서 저는 그가 새 직장에서 좋은 상사를 만났다는 사실을 알게 됐습니다. L 씨는 이렇게 말했습니다.

"저보다 두 단계 정도 직위가 높은 상사인데 아주 좋은 사람입니다. 가끔은 호되게 질책할 때도 있지만 다 저에 대한 기대가 커서 그런 것임을 알기에 그것마저도 고맙게 느껴집니다."

L 씨는 이전에 근무했던 회사에서 쌓은 경험을 실전에서 바로 활용하지는 못했습니다. 하지만 상사가 일하는 모습을 옆에서 지켜보며 외국계 기업과 국내 기업의 업무 스타일이

다르냐는 걸 깨달았습니다. 회사 내 지위로 보면 까마득한 상사였지만 부하 교육에 남다른 열정이 있는 사람이어서 귀찮아하는 기색 없이 열심히 가르쳐주었다고 합니다.

하지만 그만큼 질타와 훈계도 잦았습니다. 저를 만난 날에도 L 씨는 "사실은 오늘도 많이 혼나고 오는 길입니다"라고 말하곤 했습니다. 하지만 기분을 완전히 가라앉게 만드는 꾸지람은 아니었습니다. 상사로서 애정과 기대를 담아 건넨 훈계였던 것입니다.

저는 L 씨에게 누구에게 주로 격려를 받는지 물었습니다. 그러자 L 씨는 "격려 말씀이신가요······" 하고 잠시 생각에 잠기더니 이내 '아내'라고 대답했습니다. 실제로 L 씨의 아내는 이전에 근무했던 회사에서 역경을 만나 궁지에 몰렸을 때에도 정신적 지주가 되어준 사람이었습니다.

이번이 두 번째 이직이긴 하지만 외국계 기업은 처음이었던 그는 업무도 낯설고 힘든 일도 많았습니다. 그때마다 아내에게 상담하고 고민을 함께 나누면서 이겨냈다고 합니다.

"경력 사원으로 입사했다고 바로 실전에서 능력을 발휘할 수 있는 건 아닙니다. 비슷한 고민을 하는 분들도 많이 있고요" 제가 이렇게 말했더니 L 씨는 "그렇습니까? 저만 그런 게 아니었군요"라며 가슴을 쓸어내렸습니다. 그리고 당신에게는 상사와 부인이라는 든든한 서포터가 있다는 점을 상기시키자 L 씨는 "저는 인복이 많은 사람이군요"라며 감사하는 마음을 표현했습니다. 이렇게 그날의 코칭은 L 씨의 의욕을 높이는 선에서 마무리 지을 수 있었습니다.

처음에는 삐딱한 시선을 보내는 동료로 인한 스트레스로 시작한 상담이었지만, 자기 효능감이 높아지면 그런 일은 별 문제가 안 될 거라고 판단해 코칭 방향을 바꿨습니다. 직장에서 만난 시련을 오히려 기회로 삼아 마음의 근육을 단련한 사례입니다. 이렇게 감정회복습관을 들이면 자잘한 스트레스를 쉽게 견디는 내성을 키울 수 있습니다.

스트레스와 완충력

다음 사례는 순풍을 만난 배처럼 모든 일이 순조로워 보이지만 정작 본인은 마음 한구석이 허전한 M 씨의 이야기입니다.

M 씨는 일류 대학교를 졸업하고 인기 직종이었던 매스컴 관련 기업에 입사했습니다. 그곳에서 몇 년 동안 근무하다가 사생활을 조금 더 확보하고 싶은 마음에 근무 시간이 짧은 헤드헌팅 회사로 이직했습니다.

이직 후 그의 일상은 순조로웠습니다. 적응력이 좋아서 업무상 필요한 지식이나 요령을 금세 익혔기 때문에 새로운 관리 업무까지 담당하게 됐습니다. 그래도 시간이 남아 사내 MBA 강좌를 듣거나 영어 공부를 했습니다. 예전부터 관심을 가졌던 해외사업부서로 이동하겠다는 목표를 세우기도 했고요.

그런데 이처럼 좋은 학벌과 화려한 경력에도 불구하고 M 씨의 내면에는 해소되지 않는 무언가가 있었습니다. 그 무언가는 대학 입시, 취직, 이직 같은 인생의 굵직한 고비 때마다 번번이 제1지망에서 실패하고 제2지망을 선택할 수밖에 없었던 경험이었습니다. 그 경험이 M 씨의 내면에 실패의 기억으로 남아 감정 정리가 제대로 되지 않은 채 부정적인 영향을 주었던 것입니다. M 씨가 느끼는 '고질적인 불만'의 근본 원인은 바로 이것이었습니다.

원래 국립 대학 진학이 목표였지만, 1지망에서 탈락하는 바람에 2지망이었던 사립 대학에 진학할 수밖에 없었습니다. 취직할 때도 뛰어난 보도 능력으로 정평이 난 모 방송국에 입사하기를 원했지만 안타깝게도 면접에서 떨어져 다른 방송국에 입사했습니다. 일 자체는 적성에 맞았지만, 마음 한구석에는 항상 미련이 남았습니다.

처음 입사한 방송국에서도 제일 잘 나가는 드라마 제작 쪽에 관심이 있었지만, 결국 보도국을 선택했습니다. 그런데 날마다 사건 사고를 쫓으면서 부정적인 뉴스를 전하고 근무 시간마저 길고 불규칙하다 보니 정신적, 육체적인 피로가 쌓여 결국 이직을 결심하게 된 것입니다.

M 씨는 본인의 뛰어난 영어 실력을 살려서 해외 비즈니스를 하고 싶었습니다. 그렇지만 막상 이직하려고 보니 이때까지 치열하게 임해온 방송국 근무 경력이 별 쓸모가 없었습니다. 방송국 업무는 그날그날 매출을 올려야 하는 영업적인 마인드가 필요한 일이 아닙니다. 그러다 보니 M 씨가 이제 와서

무역 회사나 상사, 해외 주재원으로 일하고 싶다는 의사를 밝혀도 M 씨를 추천하기 어렵다는 답변만 돌아왔습니다. 결국 그는 다음 단계로 도약하는 데 필요한 경력을 쌓기 위해 헤드헌팅 회사의 영업직을 선택했습니다.

실패 경험은 어떻게 처리해야 하는가

다른 사람들이 볼 때는 어디 하나 흠잡을 데 없이 완벽한 학력과 경력이었지만, 본인은 원치 않은 대학에 진학하고 원치 않은 회사에 취직했으며 그리고 또다시 원치 않은 회사로 이직했다고 생각했습니다. 이제는 어느 정도 체념해서 '에이 모르겠다, 될 대로 되라지' 할 때도 있지만 그래도 아직 현실을 완전하게 받아들이지는 못한 상태였습니다. 자기 자신을 속이면서 일하는 사람처럼 보였지요.

그건 M 씨가 인생의 고비마다 겪은 좌절이라는 감정을 제대로 정리하지 않았기 때문입니다. 실패는 누구에게나 쓰라린 체험입니다. 누구나 가능하면 피하고 싶습니다. 하지만 기나긴 직장 생활을 해나가는 데 실패는 늘 따라오기 마련입니다.

감정회복습관이 있는 사람은 실패하더라도 바로 다시 일어서 적절한 행동을 취할 수 있습니다. 실패야말로 감정회복근육을 단련할 소중한 기회이기 때문입니다. 하지만 실패 경험에 관해서는 세 가지 주의 사항을 말씀드리고 싶습니다.

첫째, 실패로 인한 충격으로 생각이 정지되면 안 됩니다. 실패는 강렬한 부정적 체험이기 때문에 '다 내 탓이다'라며 지나치게 죄책감을 느끼고, 문제 해결을 위해 행동하지 않을 수도 있습니다. 그러므로 실패 이후의 초기에는 생각이 정지하거나 죄책감의 늪에 빠지지 않도록 주의해야 합니다.

둘째, 성실한 노력형 인간일수록 뭔가 나쁜 일이 생기면 책임감을 느끼고 후회를 곱씹는 경향이 있습니다. 심지어 과거의 실패까지도 자기에게 책임이 있다고 느끼며 점점 '부정적인 연쇄 반응'에 빠져들 수 있습니다.

셋째, 실패가 거듭되면 다음에 또 실패할까 봐 두려워 도전하지 않는 '행동 회피' 상태가 되어버립니다. 새로운 일을 거절하고 새로운 체험이나 만남의 기회까지도 멀리하게 됩니다. 저는 이것이 가장 심각한 문제라고 생각합니다. 행동 회피라는 나쁜 습관에 물들면 자신만의 껍질 안에 갇혀 본인만 느낄 수 있는 심리적인 '세이프 존safe zone'에서 한 발짝도 나오지 못합니다. 자기 성장의 기회를 잡을 수 없게 됩니다.

자기 성장을 할 수 없다면 열심히 일할 이유가 없습니다. 성장을 위해 우리는 실패했을 때 재빨리 감정회복습관을 이용해야 합니다. 감정회복습관이 있는 사람은 도중에 실패해도 곧바로 적절하게 대처하며, 실패를 두려워하지 않습니다.

위기에 직면했을 때 필요한 세 단계 스텝

감정회복습관이 있는 사람은 실패하거나 위기에 처했을 때 다음과 같은 세 단계를 밟아나가며 문제 해결을 위해 노력합니다.

① 냉정하게 '실패를 인정'하고 자책하는 마음을 다스린다.
② 부정적인 연쇄 반응에 빠지지 않도록 '감정을 정리'한다.
③ 패배 의식을 갖지 않도록 다음에는 성공할 수 있다고 믿으며 '자기 효능감'을 키운다.

첫 번째 단계는 '실패 인정하기'입니다.

생각지 못한 위기나 예측하지 못한 실패를 맞닥뜨리게 되면 누구나 당황합니다. 심적 동요로 인해 패닉 상태에 빠져 냉정하게 대처할 수 없습니다. 성실한 노력형 인간일수록 실패했을 때 자기 탓이라며 자책감에 빠지는 경향이 있지요. 특히 논리적 사고가 필요한 직업에 종사하는 사람은 '무엇을 잘못해서 실패했을까……' 라며 부정적으로 상황을 분석합니다. 그러나 실패 경험에 부정적인 감정까지 섞여버리면 시야가 좁아져 이성이 마비됩니다. 그만큼 현명한 판단을 내리기 어려워집니다.

실패를 경험한 뒤에 여러분이 할 일은 그 원인을 찾는 게 아닙니다. 실패했다는 사실 자체를 현실적으로 받아들이고 과도하게 자책하지 않도록 노력하는 것입니다. 이에 참고할 만한 자료는 하버드 대학교 에이미 에드먼슨Amy C. Edmondson 교수가 발표한 '조직에서 일어나는 실패 유형 분류'입니다. 이는 조직뿐만 아니라 개인에게도 적용 가능한 분류법입니다.

① 예측 가능한 상황에서 발생한 '막을 수 있는 실패'
② 예측할 수 없는 복잡한 상황에서 발생한 '피할 수 없는 실패'
③ 새로운 도전 과정에서 발생한 '지적인 실패'

'막을 수 있는 실패'란 자신이 저지른 실수 때문에 생긴 실패입니다. 예전에 한 회사에서 주관한 법인 연수에 강사로 참여했던 적이 있습니다. 그런데 그날 아침에 역에서 전철을 잘못 갈아타는 어처구니없는 실수를 저지르고 말았습니다. 그 전날에도 연수를 진행했기 때문에 전날 이용한 플랫폼으로

갔는데, 다른 행선지로 향하는 전철이 있다는 사실을 미처 몰랐던 것입니다. 심지어 잘못 탄 열차는 역을 건너뛰는 특급 열차였습니다.

이른 아침 출발한 덕분에 연수 시작 전까지는 도착할 수 있었지만, 정말이지 불안하고 초조한 시간이었습니다. 그날 제가 경험한 실패는 분명 제 불찰이 빚어낸 '막을 수 있는 실패'였습니다. 이 경우에는 제가 저지른 실수에 대한 책임을 받아들이고, 곧바로 문제 해결을 위한 행동에 들어가야 마땅하겠지요.

지나치게 자책하지 않는다

하지만 일을 하다 보면 '피할 수 없는 실패'도 만나게 됩니다. 이럴 때 사람은 의기소침해집니다. 하지만 자책할 필요는 없습니다. 그 실패는 말 그대로 '피할 수 없는 실패'였기 때문입니다. 실패 중에는 용기를 가지고 새로운 일에 도전했지만, 생각대로 일이 풀리지 않아 생기는 것도 있습니다. 그래도 그 과정에서 배울 점을 얻고 다음의 도전을 향해 나아갈 의지가 생겼다면 그 실패는 '지적인 실패'라고 볼 수 있습니다.

감정을 정리한다

다음 단계는 '감정 정리'입니다. 이는 실패 후에 생겨나기 쉬운 부정적 감정에 휘둘리지 않기 위한 조치입니다. 그러기 위해서는 앞서 설명했듯이 '감정에 이름 붙이기', '기분 전환하기', '고정 관념 강아지 길들이기'의 테크닉이 필요합니다.

예를 들어 제1지망의 꿈을 이루지 못한 M 씨의 경우, 과거의 실패로 인해 꿈이 이루어지지 않았다는 '슬픔', 일이 잘 풀리지 않은 것에 대한 '무력감', 불만이 쌓여서 생기는 '분노' 같은 부정적 감정이 마음속에 생겨났지요. M 씨는 부정적 감정을 느끼고도 효과적으로 기분을 전환하지 않았습니다. 반대로 감정에 뚜껑을 덮고 자신의 내면을 억압해버렸습니다. 그러나 분노나 불만과 같은 부정적 감정은 억압한다고 해서 사라지지 않습니다. 어떤 사건이 촉발제로 작용하면 또다시 표면으로 드러납니다.

M 씨는 정의감이 강한 성격인데다 방송국에서 보도국 근무를 선택한 점으로 미루어 보아, 아마도 무엇이 공정하고 올바른가에 대해 항상 의식하는 습관을 가졌을 가능성이 큽니다. 그게 M 씨의 내면에 '정의견'이라는 고정 관념 강아지를 키운 것입니다. 정의견은 불공정한 일이 발생했을 때 분노와 같은 공격적인 감정을 만들어냅니다. 방송국에 들어가 처음

희망했던 드라마 제작 일을 결국 선택하지 않은 긴 연예인의 비위를 맞추며 일하는 제작진의 태도를 납득하기 어려웠기 때문이었습니다. 고정 관념 강아지는 가끔 이렇게 큰 소리로 짖어서 M 씨의 마음 어딘가를 불편하게 만들었을 것입니다. 그것이 업무상의 동기 부여를 저해하는 요인으로 작용했을 것이고요. 실패 후에 느끼는 '무력감'에도 적절하게 대처하지 못했을 가능성이 큽니다. 그 이면에는 '이번에도 잘 안 될 것 같아'라며 비관적인 메시지를 보내는 '포기견'이 있습니다. 근거도 없는 고정 관념에 사로잡혀 새로운 도전에 필요한 용기와 의욕을 잃어버린 것입니다. 이직한 회사에서도 애초에 희망했던 해외 비즈니스 관련 업무에 대한 뜻을 미루고 제2지망을 선택하는 '행동 회피' 현상을 보였는데, 이 역시 포기견이 짖어댄 결과입니다. 이러한 태도는 감정회복습관에 기반을 둔 행동 양식이라고 볼 수 없습니다.

자신감을 상실한 후에 해야 하는 일

M 씨는 실패로 자신감을 상실하고 애초의 꿈마저 잃어버릴 위기에 어떻게 대처해야 할까요?

먼저 '자기 효능감'을 높이는 데 집중해야 합니다. 자신에게 주어진 임무를 착실하게 수행하고, 성공 체험을 하나씩 쌓아야 합니다. 사소한 일도 성실하게 처리해서 신뢰를 쌓으십시오. 이런 과정을 '베이비 스텝'이라고 부릅니다. 매우 평범해 보이지만 자기 효능감을 높이는 데에는 가장 효율적인 방법입니다.

너무 과중한 업무를 맡지 않는 것도 중요합니다. M 씨처럼 근면 성실한 노력파 하드 워커는 일을 과도하게 합니다. 새로운 직장, 새로운 환경에서는 생각처럼 빠르게 업무를 처리하지 못할 수도 있습니다. 우선은 현재 맡은 일에 최선을 다하고 자신의 능력 이상으로 업무를 떠안는 일이 없도록 치밀하게 시간 관리를 하십시오.

이렇게 '실제 체험'을 하는 동시에 자신의 업무 분야에서 '모범 사례'가 될 사람을 빨리 찾아내어 그 사람의 업무 스타일을 관찰하는 것도 좋은 방법입니다. '대리 체험'은 자기 효능감을 한 단계 높일 수 있는 업무 방식입니다. 아울러 "자네라면 할 수 있을 거야"라며 격려해주는 서포터를 찾는 것도 좋습니다. '격려'는 모범 사례 다음으로 자기 효능감을 높여주는 방법이지요.

만약에 새로운 직장이 에너지 넘치고 활기찬 분위기라면 저절로 감정이 고조되어 M 씨의 자기 효능감도 덩달아 높아질 수 있습니다. 또한 성과를 냈을 때 축하하는 의미로 자신에게 선물을 주는 것도 감정을 띄우는 비법 중 하나입니다. 성실한 노력형 인간일수록 자신에 대한 기대도 큰 법이라 스스로에게 엄격한 태도를 보이기 쉽지만, 가끔은 자신을 칭찬하며 지속적인 동기를 부여하는 것도 중요합니다.

감정회복습관으로 실패를 대하는 법

국내 시장이 포화 상태에 이르자 많은 기업이 아시아 신흥 국가에서 새로운 성장 동력을 찾고 있습니다. 그로 인해 해외로 파견 근무를 나가는 사람도 많아지고 있습니다.

어느 대기업에 근무하는 S 씨는 동남아시아 지사장으로 부임하자마자 엄청난 고난을 겪었습니다. 자신의 직속 부하들이 모두 회사를 그만둬버린 것입니다.

아시아 국가에서는 이직이 당연한 일로 여겨지는데, 물론 대부분은 연봉 인상을 노린 이직입니다. S 씨의 경우는 전임 주재원이 임기를 마치고 귀국하는 타이밍에 맞춰 부하 직원들도 다른 회사로 이직해버린 상황입니다.

결국 S 씨가 해외 현지 법인에 파견되어 제일 처음 한 일은 헤드헌터를 사무실로 불러 직원 채용 문제를 상담하는 것이었습니다. 그는 당시의 어려움에 대해 이렇게 한탄했습니다.

"헤드헌팅 회사 직원이 우리 사무실에 거의 상주하다시피 할 정도였습니다."

실제로 해외 현지 법인은 그 지역 출신의 인력이 없으면 업무가 제대로 돌아가지 않습니다. 그로서는 현지 사정에 밝은 부하 직원을 채용하는 일이 최우선 과제였던 것입니다.

먼저 서포터를 찾아내야 한다

주재원 자리는 스트레스가 많기로 유명합니다. 어떤 이는 그 스트레스를 이기지 못하고 임기가 끝나기도 전에 귀국해 본사가 관리하는 '주재원 근무 실패자 명단'에 오르기도 합니다. 그 정도로 신흥 개발 국가 현장에서는 예측 불가능한 사태가 자주 일어나고, 심신이 무너져버릴 정도의 역경도 드물지 않게 찾아옵니다.

원래는 본사에서 지원해줘야 마땅하겠지만, 사실 본사의 역할이란 지원보다는 높은 위치에서 감독하듯 명령만 하달하는 경우가 많습니다. 현지 법인의 상황이 어떤지도 잘 모르기 때문에 주재원은 혼자서 치열한 싸움을 해야 하는 압박감에 짓눌리게 됩니다. 정신적인 고통이 너무 심해 마지막까지 회복되지 않는 사람도 있다고 합니다.

저 역시 해외 주재원으로 근무할 당시 고난의 시간을 보낸 적이 있습니다. 그 시절 내내 절실하게 느낀 것은 '동기가 없다는 외로움'이었습니다. 제가 부임한 해외 사무소에는 농담을 주고받고 고민거리를 털어놓을 수 있는 동기가 한 명도 없었습니다. 동기라고 하는 '서포터'의 부재가 제게는 가장 힘든 고난이었습니다.

해외 주재원으로 부임하면 가장 먼저 '서포터'를 찾는 것이 중요합니다. 가능하면 한 달 내에 서포터를 찾아서 관계를 쌓으십시오.

서포터 후보로는 상사나 동료, 현지 직원을 생각해볼 수 있습니다. 내게 정신적 지주가 되어줄 사람인지, 만약의 경우 도움을 청할 수 있는 사람인지가 가장 중요하므로 당장의 이해득실보다는 그 사람과 내가 성격이 잘 맞는지를 알아보아야 합니다. 가능하면 자신과 비슷한 사람이 이상적입니다. 내 입장이 되어서 이야기를 들어주고 조력을 아끼지 않는 배려심 깊은 사람이면 더 좋겠지요.

서포터는 정신적 지원뿐 아니라 새로운 업무 환경에 대한 정보도 제공할 수 있어야 합니다. 앞으로 이곳에서 생존해나가는 데 필요한 정보를 알려주는 '정보통'의 역할도 해야 하지요. 특히 새로운 지사에서는 업무 진행이나 의사 결정 방식이 본사와 전혀 다를 수 있습니다.

진정한 글로벌 기업이라면 인사 시스템이나 업무 방식이

모두 표준화되어 있어서 어느 지사에 가더라도 즉시 적용할 수 있습니다. 하지만 그런 기업은 찾아보기 힘듭니다. '로마에 가면 로마법을 따르라'는 말이 있듯이 현지에서 '사내 정보통'을 찾아내 서포터로 두는 일은 생존을 위한 지혜입니다.

이때 누가 핵심 인물이고 누가 훼방꾼인지, 신경 쓸 사람은 누구이고 신경 쓰지 않아도 되는 사람은 누구인지 등의 인적 정보를 알아내는 것만으로도 업무 효율을 단번에 높일 수 있습니다. 특히 역경을 만났을 때 이런 정보는 매우 유용합니다. '정보통'인 베테랑 직원이나 비서 같은 사람을 서포터로 두면 마음이 든든할 것입니다.

입사, 이직, 육아 휴직 이후의 직장 복귀, 해외 파견 근무 등 직장 생활에서 맞이하게 되는 고비들은 어떤 사람에게는 역경이지만 어떤 사람에게는 감정회복습관을 단련하는 기회로 작용합니다. 쉽지 않겠지만 이번 기회에 감정회복근육을 강하게 키워보십시오. 분명 행복한 직장 생활이 여러분 앞에 펼쳐질 것입니다.

제 4 장

성찰하는 습관

치열하게 일하다가도
지난 시간을 돌아본다

치열하게 일하면서 동시에 강한 감정회복근육을 가진 사람들은 가끔 시간을 내어 지난 시간을 돌아보는 습관이 있습니다. 그러나 너무 바쁠 때에는 좀처럼 개인적인 시간을 만들기가 힘듭니다.

어느 외국 잡지에서 기업의 여성 중역들에게 "당신에게 '사치'란 무엇입니까?"라는 질문으로 설문 조사를 실시한 적이 있습니다. 아주 흥미로운 결과가 나왔습니다. 3위를 차지한 대답은 '공간'이었습니다. 대부분 도시에 거주하는 여성 중역들에게는 넓은 주거 공간이 사치의 대상이었던 것입니다.

2위는 '여행'이었습니다. 특히 '하이드어웨이Hideaway'라고 해서, 교통이 불편한 곳에 있는 잘 알려지지 않은 고급 호텔을 선호하는 경향을 보였습니다.

1위는 '혼자 있을 수 있는 자유로운 시간'이었습니다. 직장에서도 가정에서도 제대로 쉴 수 없다 보니 뭔가에 얽매이지 않고 오롯이 자신만을 위해 쓸 수 있는 시간을 원했습니다.

누구에게도 방해받지 않고 혼자만의 조용한 시간을 즐기는 것. 경제적 여유와 사회적 지위를 손에 넣은 여성들이 선택한 최고의 사치는, 바로 누구에게나 공평하게 주어지는 '시간'이었습니다.

잠깐 멈춰서는 습관

제가 예전에 근무했던 글로벌 기업의 리더나 엘리트 사원들 역시 정기적으로 혼자만의 시간을 즐기는 것을 매우 중요하게 여겼습니다.

한 미국인 상사는 그 누구보다 일찍 출근하기로 유명했는데, 그보다 더 놀라웠던 점은 그의 시간 활용법이었습니다. 그는 매일 아침 5시에 일어나서 7시쯤 회사에 도착했습니다. 물론 그 시간에는 사무실에 아무도 없습니다. 조용하고 쾌적한 사무실에서 그는 먼저 간밤에 미국 본사로부터 도착한 이메일을 체크했습니다. 그리고 부하 직원이나 다른 팀에서 보내온 서류를 찬찬히 읽어보고 결재했습니다. 그러다 보니 다른 사람들이 출근할 무렵에는 혼자 하는 업무는 거의 다 끝난 상태였습니다. 그 이후의 시간은 부하 직원들을 위해 사용했습니다. 몇 차례에 걸친 회의와 사전 협의를 마치고 저녁 6시 무렵에 귀가해 가족들과 저녁 식사를 즐기고 자녀들을 재운 뒤 부부만의 시간을 가졌습니다. 그리고 마지막으로 가볍게 독서하고 잠자리에 들었습니다.

그 상사에게 개인적인 시간은 아침에 눈을 뜨고 출근하기 전까지의 한 시간이었습니다. 그 시간만큼은 아무런 스케줄도 잡지 않고, 아무 일도 하지 않으며, 자기 자신만을 위한 시간을 보냈습니다. 치열한 전쟁터에 들어가기 전 잠깐의 휴식입니다.

『뛰어난 리더는 왜 멈춰서는 것일까The Pause Principle: Step Back to Lead Forward』에 따르면 진정한 리더는 변화의 파도에 휩쓸려 자신을 잃어버리는 일이 없도록 일부러 잠깐 멈춰서는 습관을 들인다고 합니다. 이 책에서는 특히 매니저와 리더의 차이점을 강조하고 있습니다. 매니저는 효율을 추구하지만 리더는 창의성과 변혁을 추구하고, 매니저는 정확한 답안을 내놓도록 훈련받지만 리더는 깊이 있는 질문을 하는 능력을 키워나갑니다. 그렇기 때문에 리더에게는 자기 자신을 돌아보기 위해 가끔 멈춰서는 습관이 중요한 것입니다.

감정에서 한 걸음 떨어지기

세계적인 리더들 중에는 혼자 정기적으로 조용한 시간을 보내는 사람들이 많습니다. 호젓한 곳에서 혼자만의 시간을 보내며 정신없는 일과 일상으로부터 탈출하는 것이지요. 심리적인 압박으로부터 벗어나 느긋하게 에너지를 충전하는 그들의 모습이 상상되시나요? 우리는 이것을 '감정에서 한 걸음 떨어지는 습관'이라고 부릅니다.

유럽의 멋진 고성古城을 찾아가 방 하나를 빌려 명상을 하며 지내는, 이른바 '리트리트Retreat 휴가'를 즐기는 직장인이 많아지고 있습니다. 예전에는 주로 수도승이 하던 집중 명상을 IT 기업 등 주로 전문 기술직에 종사하는 지식 노동자들이 하고 있는 것입니다. 여행 마니아라면 남극 대륙으로 떠나 밤하늘에 펼쳐진 오로라를 바라보며 고요한 시간을 즐길 수도 있습니다. 또는 남아프리카의 고급 호텔에 머물며 멀리서 들려오는 사자 울음소리에 귀를 기울일 수도 있습니다.

일본에서는 시코쿠 지방의 헨로 길(일본에서 가장 존경받는 고

승 중 하나인 고보 대사의 발자취를 따라 신성한 기운이 서린 88곳의 성지를 순례하는 길)을 따라 순례하는 젊은이가 늘고 있다고 합니다. NHK 방송 프로그램 〈클로즈업 현대〉에서도 '시코쿠 헨로 1,400킬로미터, 증가하는 젊은이들'이라는 특집 방송을 내보낸 적이 있습니다. 많은 젊은이가 험준한 대자연 속에서 40일 이상 걸으며 자신을 되돌아보는 기회로 삼고 있는 것입니다. 오래 걸을 때 일상생활에서는 좀처럼 체험할 수 없는, 신기할 정도로 마음이 차분해지는 편안한 상태가 된다는 사실이 연구 조사로 밝혀지기도 했습니다.

여러분들도 중요한 의사를 결정하거나 앞으로의 인생과 커리어 방향을 결정할 때, 조용히 혼자만의 시간을 보내며 잡념을 떨치고 맑은 정신 상태를 유지해보시길 바랍니다.

빌 게이츠의 '긍정적인 은둔'

전 세계적으로 손꼽히는 자산가 빌 게이츠는 마이크로소프트 CEO 시절 일 년에 두 차례씩 미국 북서부에 있는 격리된 장소를 찾았습니다. 조용한 그곳에서 'Think Weeks(생각하는 주간)'라는 리트리트 휴가를 보냈지요.

그곳은 세면대와 냉장고 등의 기본적인 시설이 갖춰져 있고, 식사도 정기적으로 배달되지만 빌 게이츠를 제외하고는 아무도 발을 들여놓을 수가 없었습니다. 회사 간부나 친구는 물론 가족이 연락을 취하는 일조차도 금지 사항이었습니다.

완벽하게 혼자가 된 빌 게이츠는 가장 먼저 평소 바쁜 일상에 쫓겨 좀처럼 보지 못한 사내 극비 리포트를 정독했다고 합니다. 리포트 내용은 대부분 미래 테크놀로지에 대한 예측이나 차세대 상품에 관한 제안이었는데, 그는 그곳에서 일주일에 100편 이상의 리포트를 독파했습니다. 그뿐만 아니라 회사의 미래나 IT 업계의 미래를 고민하기도 하고, 직원들에게 메시지를 보내기도 했지요.

이 '지적이면서도 긍정적인 은둔형 휴가'는 빌 게이츠에게 늘 혁신적인 전략과 아이디어를 떠올리게 해주었습니다. 1995년에 마이크로소프트가 데스크톱에서 인터넷망으로 사업 방향을 전환하게 된 것도 역시 Think Weeks의 결과물이었습니다.

빌 게이츠는 6개월마다 한 번씩 이 휴가를 떠남으로써 급변하는 IT 업계에 대한 압박감과 불투명한 앞날에 대한 불안감을 해소시킬 시간을 확보했습니다. 이러한 습관은 빌 게이츠만 갖고 있었던 것은 아닙니다. 애플의 전 CEO 스티브 잡스와 페이스북의 CEO 마크 저커버그도 긍정적인 은둔형 휴가를 보낸다고 합니다.

감정으로 한 걸음 들어가기

대기업 증권 회사에 근무하는 영업 사원 N 씨는 30대 초반에 지점으로 인사이동을 했습니다. 정기적인 일이라 느닷없지는 않았습니다. 문제는 새로 만난 상사가 까다로운 사람인 데다 부서의 업무량도 지나치게 많다는 점이었습니다.

N 씨는 아침 6시에 출근하고, 담당하는 고객 수도 100명이 넘었습니다. 전화 통화 시간도 건당 30초 이내로 제한하며 신속하게 업무를 처리해야 했습니다. 나날이 피로는 쌓였고, 회사에 대한 불만은 커졌습니다. 하지만 그는 나름의 효과적인 기분 전환 습관을 만들어 어떻게든 역경을 극복해나가려 노력했습니다.

평일에는 아침 일찍 출근하기 때문에 퇴근 후 술자리나 회식에 참석하는 일이 거의 없었습니다. 그 대신 퇴근길에 취미삼아 운동을 했습니다. 백화점 옥상에서 잘 모르는 사람들끼리 모여 풋살을 했는데, 적당히 인원수만 채워지면 서로 통성명도 하지 않은 채 그저 운동하며 땀을 흘렸습니다. 사사건건 얽혀 있는 직장 동료와 교류하는 것보다 잘 모르는 사람과 부담 없이 운동하는 게 N 씨에게 더 맞았던 모양입니다. 주말에는 혼자서 달리기를 했습니다. 일요일 저녁에는 마음을 차분히 가라앉히기 위해 월요일부터 시작될 주가의 흐름을 조용히 예측해보는 습관을 들였습니다. 그야말로 치열한 직장 업무를 해내면서도 정신이 피폐해지지 않도록 '긍정적인 은둔형 휴식'을 취한 것이지요.

역경을 이겨낸 과거를 돌아본다

평상시 정신없이 일하다가도 한 번씩 멈춰 서는 것이 중요합니다. 자신의 내면을 바라보고 지난날을 돌아봐야 합니다.

주말 혹은 휴가를 이용해 홀로 방에 틀어박히거나 쾌적한 호텔에 묵으며 역경을 극복했던 순간을 떠올려보는 것은 어떨까요?

- 힘들었을 때 정신적 지주가 되어준 '서포터'는 누구였습니까?
- 힘들었던 과거의 경험에서 어떠한 점을 배울 수 있었습니까?
- 본인에게 가장 소중했던 것은 무엇입니까?
- 몇 번의 역경 체험으로부터 어떤 공통점이나 커다란 흐름을 발

견할 수 있었습니까?

- 그 경험은 이후의 삶에서 어떠한 의미가 있었습니까?

이 질문들을 통해 당신이 무엇을 느낄지는 알 수 없습니다. 목표를 분명히 알게 됐을 수도 있고, 소중한 사람의 존재를 깨달았을 수도 있습니다. 어차피 정답은 없습니다. 조용히 자신의 내면을 들여다보고 스스로의 대답에 귀를 기울이는 것 자체만으로도 이 활동은 의미가 있습니다.

감정 정리 후 찾아오는 작은 변화들

이번에는 과거의 역경을 돌아보면서 소중한 교훈을 얻은 O 씨의 이야기입니다.

지금 다니는 회사에 입사하기 8년 전, O 씨는 직원이 네 명뿐인 작은 회사에서 일했습니다. 그 회사는 개성 넘치는 사장님의 인간적인 매력에 반해서 직원이 하나둘 모여든 곳이었습니다. 거래처 역시 사장님과 맺은 개인적인 인연 때문에 거래가 유지되는 전형적인 작은 회사였지요. 사무실에 있으면 어쨌거나 마음이 편했고, 사장님도 O 씨를 신뢰했기 때문에 작은 회사였지만 큰 보람을 느끼며 근무할 수 있었습니다.

그런데 어느 날 갑자기 사장님이 세상을 뜨는 변고가 생기고 말았습니다. 생각지도 못했던 비극에 O 씨는 그저 아연실색할 뿐이었습니다. 어느 정도 정신을 차리고 나자 깊은 슬픔이 찾아왔습니다. 아울러 "앞으로 우리 회사는 어떻게 되는 걸까……" 하는 불안감이 와락 밀려들었지요.

믿고 의지했던 사장님의 갑작스러운 죽음은 O 씨에게 크

나큰 충격이었습니다. 그 심리 상태는 행동에도 영향을 미쳤습니다. 작성한 문서는 오타로 가득했습니다. 그는 자신의 심리 상태가 불안하다는 것을 깨닫고 우선 심리적 안정을 취하는 데 주력하기로 했습니다.

충격이 원인이 된 스트레스 장애

예상치 못한 강한 충격을 받으면 우리의 정신은 쇼크 상태에 빠집니다. 이는 심리적·감정적 기능의 일부를 마비시켜 현실에 일시적으로 적응하려는 반응입니다. 예를 들어, 충격이 지나간 뒤 어떤 사건의 앞뒤가 잘 떠오르지 않거나 세상사에 관심이 사라진다면 당신은 쇼크 상태에 빠진 것입니다. 심하면 불안과 두통, 불면, 악몽 등에 시달릴 수도 있습니다.

O 씨는 사장님의 갑작스런 죽음을 경험한 뒤 외상 후 스트레스 장애PTSD. Post Traumatic Stress Disorder을 겪었습니다. 앞날이 보이지 않아 불안한 '미래 스트레스'를 안은 채 회사를 정상 궤도로 되돌려야 하는 상황에 처했습니다. O 씨는 불확실한 앞날에 대한 불안감에 시달렸습니다. 사장님의 죽음에 이은 두 번째 역경을 만난 것입니다. '불투명한 앞날에 대한 불안', 즉 '미래 스트레스'는 좀처럼 출구가 보이지 않기 때문에

더 심각하고 성가신 문제입니다.

O 씨는 이 역경을 어떻게 극복했을까요? 위기에 빠진 O 씨를 구해낸 것은 사장님이 남긴 특별한 '유산'이었습니다. 금전적인 유산은 아니었습니다. 바로 사외 '서포터'라는 인적 자산이었지요.

사장님은 사외의 여러 인사와 돈독한 관계를 맺고 그들에게 크고 작은 도움을 주었습니다. 그동안 사장님에게 신세를 졌던 사람들이 연락을 해오면서 회사에 남겨진 사원들은 서포터를 얻게 됐습니다.

O 씨의 회사는 전문 서적을 간행하는 출판사였는데, 사외 서포터들은 출판인이 아니었습니다. 책을 저술한 대학 교수나 다른 업계 사람들이었지요. 그래서 출판 업무에 관련된 도움을 받을 수는 없었습니다. 하지만 그들은 "힘든 일이 있거든 언제라도 말해주게나"라며 진심 어린 격려를 보내곤 했습니다.

우선 가장 급한 일은 사장님을 대신할 사람을 정하는 것이었습니다. 작은 회사라도 지휘자가 없으면 조직은 굴러가지 않는 법입니다. 주위 사람들은 유일한 남자 직원인 O 씨에게 사장 대행을 권유했지만 그건 정말 무리라고 판단해 끝내 고사했습니다. 결국 차기 사장 후보 역시 사외 서포터들이 물색해주었습니다.

차기 사장이 취임한 후에도 사외 서포터들이 물심양면으로 도와주겠노라고 공언하는 모습을 보며 O 씨는 '나도 이제 정신 차리고 열심히 해야겠다'라고 결심했습니다. 그래서 이 사직을 권유받았을 때는 '한번 도전해보자'고 마음먹을 수 있었지요. O 씨의 마음속에서 긍정적인 변화가 일어나기 시작했습니다.

역경 후에 이룬 성장

'외상 후 스트레스 장애'는 정신적 충격으로 인해 몇 가지 심리적·정신적 장애를 보이는 현상입니다. 그런데 반대로 역경을 겪은 후에 오히려 심리적인 성장을 이루는 사람도 있습니다. 심리학이나 정신의학 분야에서는 이러한 현상을 '외상 후 성장PTG. Post Traumatic Growth'이라고 합니다.

외상 후 성장 연구의 일인자인 미국 노스캐롤라이나 대학교의 리처드 테데쉬Richard G. Tedeschi 박사는 "외상 후 성장은 인생의 위기를 극복했을 때 일어나는 긍정적인 변화 체험"이라고 정의했습니다.

여기서 말하는 긍정적인 변화는 모두 내적인 것으로 타인이 보고 알아차릴 수 있는 외적인 것과는 다릅니다. 그럼에도 불구하고 내면의 성장을 이루어낸 사람들은 주변 사람들에게 뭔가 달라졌다는 말을 듣습니다. 그런 말을 듣고 난 뒤에야 자신의 변화를 알아차리는 경우도 있지요.

외상 후 성장으로 인한 변화는 주로 세 가지입니다.

첫째, 삶에 감사하는 마음이 생깁니다. 지금까지 깨닫지 못한 사소한 일도 기쁜 마음으로 받아들이게 됩니다. 일상생활에서 감사를 느끼는 경우도 많아집니다. 이러한 마음의 바탕에는 생명에 대한 고마움이 깃들어 있습니다.

둘째, 대인 관계에 변화가 생깁니다. 새로운 친구를 사귀지만 한편으로는 과거의 관계를 잃어버리기도 합니다. 어떤 사람과 관계를 맺고 유지할 것인가에 대한 기준과 가치관이 달라져서 생기는 현상입니다.

셋째, 내면이 강해집니다. 자신의 힘으로 어찌할 도리가 없는 큰 위기를 극복해낸 뒤에는 자신감이 매우 상승합니다. 앞서 소개했던 O 씨의 사례처럼 내적 성장이 이루어지는 것이지요.

우리가 체험하는 역경의 종류에는 지진 등의 자연재해, 사고로 인한 부상, 심각한 질병, 소중한 사람과의 이별 및 사별, 재판이나 범죄에 연루되는 고난, 나아가 부당 해고라든가 직장 내 상사의 괴롭힘, 성추행, 채무 관계, 사기 등 다양합니다.

외상 후 성장을 체험한 사람은 인생의 목적이나 일에 대한 가치관이 크게 변해 직업을 바꾸기도 합니다. 다른 사람에게 도움을 받았던 경험이 직업관에 영향을 주어 간호사나 심리상 담사, 사회복지사가 되는 사람도 있습니다. 자신이 미처 몰랐던 재능을 알게 되는 셈이지요.

외상 후 성장은 '역경을 겪은 후에도 긍정적인 변화가 일어날 수 있다'는 희망을 우리에게 보여줍니다. 그러나 외상 후 성장을 연구하는 사람들은 "트라우마가 생길 정도로 힘든 경험을 일부러 하라고 권장하지는 않는다"며 조심스러운 태도를 보입니다. 성장을 이루어내는 사람이 있는 것은 사실이지만, 그런 사람은 일부이며 대부분은 외상 후 스트레스 장애와 같은 고통에 시달리기 때문입니다. 그리고 외상 후 성장을 경험한다고 해도 그 과정이 결코 순탄한 것만은 아닙니다. 매우 힘든 상황 속에서 괴로움을 견디며 싸워야만 얻어낼 수 있는 결과입니다.

폭풍우가 지나간 후에 깨달은 사실

O 씨의 경우도 사장님의 갑작스러운 죽음이라는 역경을 극복한 뒤 성장했습니다. 한 달 정도 지나자 드디어 회사가 정

상 궤도에 오르고 정신적으로도 안정을 찾았습니다. 그제서야 이때까지 해온 일을 냉정하게 바라볼 수 있었다고 합니다.

그는 사장님이 자신을 특별하게 여겼다는 사실을 다시 한 번 확인했습니다. 회사가 어려움에 봉착했을 때 도움의 손길을 뻗어준 사람들에게 감사한 마음이 밀물처럼 밀려들었습니다.

'우리 회사는 많은 분에게 지원을 받고 있었구나. 지금까지 정말 많은 도움을 주셨어. 이제 앞으로 어떻게 은혜를 갚아야 할지 생각해봐야겠다.'

내면으로부터 그런 목소리가 들려왔고, 이 경험을 동기로 해 더욱더 최선을 다해야겠다는 결심이 섰다고 합니다.

이러한 역경 체험을 되돌아보면서 O 씨는 '어떤 일에 실패한다고 해서 내가 죽는 것은 아니다. 인간이란 웬만한 일로는 죽지 않는 법이다. 그러니 목숨이 위험하지만 않다면 어쨌거나 위기는 극복할 수 있다'는 생각을 하게 됐습니다. 이제 O 씨는 무슨 일이 있다 해도, 설령 회사가 도산해 길바닥에 나앉는 일이 생기더라도 인생을 꾸려갈 수 있는 '강한 정신력'을 갖추게 됐습니다.

정신력이 강해진 이유

O 씨는 감정회복습관 트레이닝 과정 중 일곱 번째 테크닉인 '힘들었던 과거의 체험으로부터 의미를 찾는' 경험을 통해 자신의 정신력이 강해진 이유를 깨달았습니다. 그 이유는 다음과 같았습니다.

'어려운 상황이 닥쳤을 때 주위에서 도와주는 사람들이 있었다. 그 친절한 배려에 감사하는 마음이 커졌다. 감사라는 긍정적인 감정 덕분에 앞날에 대한 불안을 치유하고 적극적인 마음가짐으로 미래를 향한 발걸음을 내디딜 수 있었다.'

나아가 그는 지인의 죽음을 통해 상황을 전체적인 관점으로 바라보는 태도를 배웠습니다. 인생을 보는 시야가 한층 더 넓어진 '내면의 성장'이 이루어진 것입니다. 이러한 성장은 계획적으로 얻어낼 수 없습니다. 예기치 못한 문제에 직면해 정신이 송두리째 흔들리는 상황 속에서도 부단히 노력해야만 얻을 수 있습니다. 즉 고통 속에서 분투한 끝에야 만날 수 있는 내적 성장입니다.

자신의 자리를 다시 한 번 점검한다

P 씨는 엔터테인먼트 업계에서 일한 지 4년 차 되는 직장인입니다. 그전에는 이름 있는 외국계 컨설팅 회사에 다녔는데, 예전부터 관심이 있었던 엔터테인먼트 회사 신규 사업팀에 입사할 기회가 생겨 이직했습니다.

일 자체에 불만은 없었습니다. 그러나 신규 사업을 어느 정도 궤도에 올려놓으려면 상당한 시간이 필요했습니다. 많은 사람이 연관된 만큼 혼자만의 노력으로 결실을 얻을 수 있는 업무도 아니었습니다. 그래서인지 좀처럼 성취감을 느낄 수 없었고, 성과가 나오기까지 오랜 시간을 견뎌야 한다는 생각에 피로를 느낄 때도 있었습니다.

앞날을 예측하기 어렵다는 불안함에서 오는 피로는 육체적 피로와 달리 푹 잔다고 해서 해소되지 않습니다. P 씨의 경우에는 스스로 상황을 컨트롤할 수 없는 '자기결정력 부족'과 좀처럼 일의 성과를 볼 수 없는 '성취감 부족'이 복잡하게 얽혀 있었습니다. 상황이 진전되지 않는 한, 피로는 계속 쌓여갈

테고 그런 상태가 계속되면 결국 탈진할 수밖에 없겠지요.

신규 사업은 흥미진진한 일이지만 자칫 사업 자체가 좌초될 위험이 있으므로 불안감을 제대로 관리하지 못하면 의욕을 상실하게 될 수도 있습니다.

P 씨는 전 직장인 컨설팅 회사에서는 성취감을 느끼며 일했습니다. 6개월 단위로 프로젝트가 완결됐기 때문입니다.

그런데 현재 담당하고 있는 신규 사업 프로젝트는 업무 특성상 미래를 예측할 수 없었습니다. 일을 하면서도 항상 마음속으로는 '이대로 성과를 못 낸 채 끝나버리지는 않겠지?', '아니, 앞으로 5년, 10년을 계속해도 결국 실패로 끝날지 몰라' 하는 불안이 상주하고 있었지요. 직업 특성상 만나게 되는 어쩔 수 없는 역경이었습니다.

이러한 역경은 연구직이나 개발직에 종사하는 사람이라면 거의 모두가 직면하는 문제입니다. 기술상의 과제, 생산 과정상의 어려움, 그리고 공공기관의 인허가 등 뛰어넘어야 하는 장애물이 곳곳에 널려 있기 때문입니다.

그러나 P 씨에게 현재의 직업은 그야말로 '천직'일 수도 있습니다. P 씨는 워낙 미디어를 좋아했고 텔레비전 드라마나 영화, 올림픽 중계 등을 보며 성장한 세대입니다. 졸업할 무렵 이미 컨설팅 회사의 채용이 내정되어 있어서 미디어 업계에

이력서를 내지는 않았지만, 그 후로도 방송국에서 경영 관련 일을 해보고 싶다는 희망은 놓지 않았습니다. 그랬기에 기회가 다가왔을 때 망설이지 않고 이직을 결심할 수 있었지요.

불투명한 미래에 대한 불안감에도 불구하고 계속 일을 하기 위해서는, 열정과 사명감이 필요합니다. 아울러 '나도 하면 된다'고 북돋아줄 수 있는 원동력도 필요합니다. 이때 감정회복근육을 단련해주는 '자기 효능감'이 큰 도움이 됩니다.

신규 프로젝트에는 좀처럼 성공 체험을 맛보기 힘들다는 현실적인 어려움이 있습니다. 본받을 만한 사람을 롤모델로 삼아야 자신감을 얻을 수 있습니다.

때로는 멈춰 서서 '자신의 자리'를 점검한다

항상 치열하게 일하는 사람은 가끔 멈춰 서서 조용히 과거를 돌아봐야 한다고 말씀드렸습니다. 그 시간이 있어야 '나는 이 자리에 계속 있어야 하는가?'라는 질문을 스스로 던질 수 있기 때문입니다.

이 책의 서두에서 치열하게 일하는 하드 워커를 무너뜨리는 3대 스트레스가 '긴 근무 시간', '긴장도 높은 업무', '불편한 대인 관계'라고 했습니다. 세 가지 모두 직장과 관련이 있습니다.

업무상 핫 버튼을 눌러서 나를 짜증나게 하는 상사, 일을 금방 그만두게 하는 조직 구조, 직원들 간의 희박한 유대감으로 겪게 되는 어려움 모두 '직장'과 관련된 문제입니다.

만약 지금의 자리에서는 작은 성공을 체험할 수도 없고, 롤모델도 찾을 수도 없으며, 의욕을 북돋아주는 분위기를 형성할 수도 없다면, 그곳에서는 아무리 열심히 일해도 자기 성장에 필요한 '자기 효능감'을 얻기 어렵습니다.

열심히 일하는 것이야말로 자신의 꿈을 이루고 목표를 실현하기 위한 지름길이라고 믿습니다. 열심히 일한 뒤에는 누구나 행복과 만족을 느낄 수 있습니다. 저는 성실하고 열심히 일하는 노력형 인간을 존중하고 응원합니다. 하지만 성실한 사람일수록 지금 본인의 '자리'에서 벗어나지 않으려 하는 법입니다. 그곳이 과중한 스트레스를 유발하는 자리라고 해도, 배려가 없고 유대감이 없는 자리라고 해도, 그냥 그 자리에 머무르려고 합니다. 현재의 직장에 집착을 보이는 것입니다. 이미 정신적으로 속박되어 있기 때문일지도 모르겠습니다.

'어떤 일을 시작했다면 적어도 그 직장에서 3년은 버텨야 한다'는 말이 있습니다. '참고 견디면 복이 온다'는 격언에서 비롯된 것이겠지요. 하지만 저는 스스로 선택한 일이라면 인내심을 발휘할 가치가 있지만, 애초의 선택이 잘못됐을 경우에는 그 식장에 집착할 필요가 없다고 생각합니다. 왜냐면 자리 선택을 잘못하면 아무리 열심히 일해도 보람을 느낄 수 없기 때문입니다. 잘못된 자리에서는 인정받기 힘들고, 자기 성장도 할 수 없습니다.

감정회복습관이 몸에 밴 사람들은 유연하고 합리적으로 사고할 수 있습니다. 직장이란 대부분의 사람들이 일생에서 가장 긴 시간을 보내는 곳입니다. 직장을 선택할 때도 감정회복습관이 있는 사람들이 합리적인 관점에서 생각하고 판단합니다. 만약 잘못된 선택이라는 판단이 선다면 더 좋은 자리를 찾아 옮길 수 있는 유연함을 지녀야 합니다.

역경이 달리던 나를 멈춰 서게 해주었다

제 직장 생활 최대의 고비는 해외 파견지에서 아직 새로운 업무에 적응하지 못했을 때 찾아왔습니다. 그곳에는 저를 도와줄 동료가 없었고, 명색이 리더라 부하 직원들 앞에서 힘든 모습을 보일 수도 없어서 그저 혼자 묵묵히 견뎌야만 했지요.

역경을 딛고 다시 일어서기까지는 시간이 필요했습니다. 하지만 그 역경은, 그때까지 열심히 일만 하던 자신을 돌아보게 해주었습니다. 천천히 시간을 들여 스스로를 성찰할 수 있는 계기가 됐습니다.

저는 역경 덕분에 잠깐 멈춰 서서 지난날을 돌이켜볼 수 있었습니다. 나만의 강점과 자기 효능감의 원천을 파악하고 정신적 지주가 되어주는 서포터를 찾아냈습니다. 그리고 한 가지를 깨달았습니다. 현재의 이 자리에 연연할 필요는 없다는 사실이었습니다. 나에게 주어진 '강점'을 발휘하기 위해, 나아가 의미 있는 일에 조금이나마 공헌하기 위해서는 또 다른 '자리'를 찾아 나서야 한다는 통찰에 이르렀습니다.

그때부터 저는 마음의 문을 열고 새로운 가능성을 찾아 나섰습니다. 제게 다음 미션이 될 새로운 자리를 발견한 것은 그로부터 몇 달이 지난 뒤였습니다. 이후 우연의 일치가 몇 차례 거듭되면서 지금 이 자리까지 왔습니다.

저처럼 역경을 통해 스스로를 돌아보고 새로운 길을 걷는 사람도 있습니다. 어떠한 고난이라도 딛고 일어설 수만 있다면 정신력을 강하게 만들어주는 디딤돌이 됩니다. 여러분도 감정회복습관을 통해 고난과 역경을 기회로 바꿀 수 있기를 진심으로 바랍니다.

감정을 정리하기 시작한 후 찾아온
놀라운 일곱 가지 변화

- 별것도 아닌 일에 쉽게 화를 내곤 했는데, 나도 깜짝 놀랄 정도로 화가 줄어들었다.

- 담배와 커피를 달고 살았는데, 어느새 둘 다 끊었다.

- 이상하게 자신감이 넘치고 집중이 잘된다.

- 월요일에 출근하는 몸과 마음이 너무도 가볍다.

- 머리가 늘 굳어있단 느낌이었는데, 창의적인 아이디어가 반짝반짝 떠오른다.

- 늘 남의 시선과 기대에 끌려다녔는데, 이제야 내 삶의 주인이 된 것 같다.

- 매일매일 사는 게 감사하고 행복하다.

불필요한 감정을 정리해야
인생이 행복하다

이 책을 쓰게 된 계기는 하드 워크에 대한 사람들의 인식 변화를 감지했기 때문입니다. 저는 본디 '하드 워커'로서, 치열하게 또 열심히 일하는 모습에 높은 가치를 부여하는 사람이었습니다. 사회생활을 시작한 뒤에는 상사와 의기투합해 막차를 놓치기 직전까지 야근하는 날도 많았습니다. '직장과 사생활의 균형'이라는 개념이 도입되기 전 이야기입니다.

그런데 그렇게 혹사하면서 일하는 도중에, 이 책에서 언급한 것과 같은 업무상의 트러블이나 대인 관계에서 오는 어려움 등이 발생했습니다. 저는 그때마다 분노나 불안 같은 부정적 감정을 느끼며 심리적 안정감을 잃기도 했습니다. 일도 손에 잡히지 않았습니다. 쓸데없는 고민이나 걱정으로 시간을 낭비했습니다.

하지만 이것이야말로 집중해서 치열하게 일하고 싶은 사

람들이 뛰어넘어야 하는 장벽입니다. 실패나 역경을 경험할 때 느끼는 부정적인 생각과 감정을 스스로 컨트롤할 수 없으면 마음이 피폐해집니다. 그러면 그 현상이 다시 새로운 역경을 불러와 목표를 이루기도 전에 마음이 무너지게 됩니다.

따라서 치열하게 일하는 사람들은 감정회복근육을 단련해야 합니다. 감정회복습관을 들이면 열심히 일을 하더라도 정신적인 피로를 최소화할 수 있습니다. 걱정거리를 떠안고 혼자서 푸념하는 시간도 줄어들고 업무 생산성도 올라갑니다. 생업에 뛰어들어 눈앞의 목표에 집중할 수 있는 사람은 사실 행복한 사람입니다. 저도 치열하게 일을 할 때 내 자신이 얼마나 행복한 사람인지 절실히 느끼곤 했습니다.

마지막으로, 이 책의 편집자와 취재에 협력해주신 분들, 제 집필 활동을 항상 지원해주는 아내와 두 아이에게 감사하는 마음을 전합니다. 이 책을 읽어주신 독자 여러분들께도 깊은 감사를 드립니다.

감정 정리의 힘

세계의 엘리트가 매일 10분씩 실천하는 감정회복습관

초판 1쇄 발행 2016년 4월 12일
초판 3쇄 발행 2016년 6월 9일

지은이 구제 고지
옮긴이 동소현
펴낸이 김선식

경영총괄 김은영
마케팅총괄 최창규
책임편집 김상훈 **크로스교정** 마수미 **책임마케터** 최혜령, 이승민
콘텐츠개발4팀장 김선준 **콘텐츠개발4팀** 황정민, 마수미, 윤성훈, 김상훈
마케팅본부 이주화, 정명찬, 이상혁, 최혜령, 양정길, 박진아, 김선욱, 이승민, 김은지
경영관리팀 송현주, 권송이, 윤이경, 임해랑, 김재경
외부스태프 표지 · 본문디자인 디자인 잔

펴낸곳 다산북스 **출판등록** 2005년 12월 23일 제313-2005-00277호
주소 경기도 파주시 회동길 37-14 3, 4층
전화 02-702-1724(기획편집) 02-6217-1726(마케팅) 02-704-1724(경영지원)
팩스 02-703-2219 **이메일** dasanbooks@dasanbooks.com
홈페이지 www.dasanbooks.com **블로그** blog.naver.com/dasan_books
종이 한솔피엔에스 **출력 · 제본** 갑우문화사

© 2016, 구제 고지

ISBN 979-11-306-0808-2 (03190)

다산북스(DASANBOOKS)는 독자 여러분의 책에 관한 아이디어와 원고 투고를 기쁜 마음으로 기다리고 있습니다.
책 출간을 원하는 아이디어가 있으신 분은 이메일 dasanbooks@dasanbooks.com 또는 다산북스 홈페이지 '투고
원고'란으로 간단한 개요와 취지, 연락처 등을 보내주세요. 머뭇거리지 말고 문을 두드리세요.